井村圭壯・今井慶宗 編著

保育と
子ども家庭支援論

keiso shobo

は し が き

　社会福祉や保育の分野は現在急速に変貌している．少子高齢化をはじめとする社会情勢がそれに大きく影響していることは多言を要しない．子育て家庭の状況も，従来の大家族中心から核家族化しただけではなく，ひとり親家庭やステップファミリーといわれる多様な形態が多く見られるようになっている．

　2019（令和元）年，「子ども・子育て支援法の一部を改正する法律」が成立・公布された．この法律は政府提出のものであるが，内容は次のようにまとめられている．①子ども・子育て支援の内容及び水準は，子どもの保護者の経済的負担の軽減について適切に配慮されたものでなければならない旨を基本理念に追加する，②子育てのための施設等利用給付の創設，③費用等として，施設等利用費の支給に要する費用は，原則として，市町村の支弁とし，政令で定めるところにより算定した額の2分の1を国が，4分の1を都道府県が負担する，等というものである．

　少子化を背景として子ども家庭支援のための施策が続々と打たれている．「子ども・子育て支援法」あるいは「児童福祉法」の改正も続いている．その一方で，児童虐待をはじめとする子どもや家庭に関する深刻な事象も続いていて，その緩和・解決が強く求められている．

　制度・財政面の学習とともに，それらを現場で活用できる技術も求められている．子ども・子育てに関する専門職を目指す方々には，それらの活用方法をしっかり身につけていただきたい．

　本書は保育士養成課程の科目「子ども家庭支援論」に対応するテキストとして企画されたものである．改正後の厚生労働省雇用均等・児童家庭局長通知「指定保育士養成施設の指定及び運営の基準について」の「指定保育士養

成施設指定基準」では子ども家庭支援論の目標として，「子育て家庭に対する支援の意義・目的を理解する」，「保育の専門性を活かした子ども家庭支援の意義と基本について理解する」，「子育て家庭に対する支援の体制について理解する」，「子育て家庭のニーズに応じた多様な支援の展開と子ども家庭支援の現状，課題について理解する」の4つを掲げている．また，内容として，①子ども家庭支援の意義と役割，②保育士による子ども家庭支援の意義と基本，③子育て家庭に対する支援の体制，④多様な支援の展開と関係機関との連携を挙げている．本書はこれらを網羅し，保育士として必要な子ども家庭支援論の知識技術の習得に配慮している．

　子ども家庭支援の現場では，保育士等はこれらを総合的に考慮してそれぞれの家庭・親子にふさわしい支援活動に取り組んでいかなければならない．このため，読者が子ども家庭支援論の全体像をつかみやすくするとともに内容相互を立体的にとらえることができるように配慮した．子ども家庭支援の分野においても次々と新しい制度・政策が打ち出され，統計情報も更新されているので，それらもできるだけ取り入れている．

　標準的なテキストとして必要とされる水準を維持しつつ，大学等の諸学科において子ども家庭支援論をこれから体系的に学ぼうとする学生を念頭に執筆した．そのため初学者にとって分かりやすい記述に努めている．あわせて子ども家庭支援論を学び始めたい市民に応えることも十分可能である．

　各分野を専門とする執筆者によって，子ども家庭支援論の各領域の意義・内容・課題や今後の動向について，それらに関心を有する多くの方々に考えていただくための素材を示すことができると確信する．ぜひ多くの方に読んでいただきたい．

　本書の執筆，編集にあたっては，各執筆者の方々，そして勁草書房編集部の関戸詳子さんには大変お世話になった．紙面を借りて感謝申し上げる．

2020 年 1 月 1 日

編 著 者

目　　次

第1章　子ども家庭支援の意義と必要性

第1節　現代社会の変容と子ども家庭支援

1　子どもと子育て家庭を取り巻く環境

　子どもが育っていく中で，家庭には大きな意味がある．家庭とは，子どもにとって最も重要な生活の基盤であり，子どもの育ちにおいて重要な鍵となる．そして，その家庭はそれぞれの時代の流れにおける社会の変化や環境によって変化する．つまり，社会の環境の変化によって家庭や家族の形態は変わっていき，それによって子どもの育ちにも大きく影響していくのである．しかしながら，子どもは家庭の中だけで育てられるものではない．家族だけでなく親戚や近隣住民，知人友人ほか地域住民と関わりながら，子どもは成長していく．だからこそ，時代による社会の状況を知り，家庭や家族の変化，そして子どもを取り巻く環境に関心をもちながら理解し，現代そして未来の子どもの育ちを考えていく必要がある．

2　産業構造の変化と人々の生活

　戦後わが国では産業構造や家族形態が変化し，人々の生活やその環境も大きく変わってきた．戦後1950年代頃までは農業を中心とした第1次産業が多く，1960年代の高度経済成長の時代以降は工業化が著しく進み，製造業などの第2次産業，そして商業などの第3次産業が急速に増えていった．このような産業の変化は人々の生活行動や意識にも変化を及ぼした．

　第1次産業の時代は，子どもを含め家族，親戚，近隣がともに働き，子ど

もは周りの多くの大人たちに囲まれ，いろいろな世代の人と接し，世話をしてもらいながら育っていた．大家族での生活ゆえ，母親以外の家族も育児に関わっていた．また，自然環境が生活や家業に直接影響を受けるため，自然世界との共存や地域の伝統を守り続けることは当然の生活様式であった．

　産業が第 2 次，そして第 3 次に変化していくことで，それまでは農村で労働と生活の場が同一であった時代から，労働と生活の場は異なり都市部へ「通勤」する人々が増えることとなった．それにより，夫は外で働き，妻は家事をするという夫婦（男女）の役割分担が生じ，また核家族化も進み，近隣関係は希薄化し，個を重んじる社会へと変わっていった．

3　地域社会の変容

　産業の変化により，人々の住む場所が農村から都市部へと移り変わることになり，人々は通勤に便利な都市部へ集中し，それに伴い都市部では集合住宅が増えることとなった．都市部の住宅確保ができなくなると，郊外一戸建て住居も増え，マイカー所有は当たり前の時代となった．このような背景により，各地で新しいコミュニティが誕生するものの，昔のような近隣による共同体ではなく互いを干渉し合わない孤立した家庭が増えていった．家庭で起きた問題は家庭内で解決することが当たり前であり，悩みを相談し合うこともなくなり，地域での関係性が希薄化してきた．このことは各家庭，個人がますます負担や責任を負うことになったといえる．

　内閣府が毎年実施している「社会意識に関する世論調査」[1]では，地域での付き合いの程度について調査しているが，「よく（親しく）付き合っている」は 1975（昭和 50）年では 52.8% だったのに対し，2019（平成 31）年は 17.0% だった．一方，「あまり付き合っていない」と「付き合いはしていない（全く付き合っていない）」の合計は，1975（昭和 50）年は 13.6% だったが，2019（平成 31）年では 33.0% だった．これらの数字からも，いかに近所での付き合いが薄くなっているかがわかる．

図 1-1　児童のいる世帯といない世帯の推移

年	児童のいる世帯			児童のいない世帯
	1人	2人	3人以上	
1986 (昭和61) 年	16.3	22.3	7.7	53.8
'89 (平成元) 年	15.5	19.3	6.8	58.3
'92 (4) 年	14.0	16.3	6.2	63.6
'95 (7) 年	13.5	14.4	5.5	66.7
'98 (10) 年	12.6	12.8	4.9	69.8
2001 (13) 年	12.2	12.2	4.3	71.2
'04 (16) 年	11.9	12.2	3.8	72.1
'07 (19) 年	11.5	11.0	3.5	74.0
'10 (22) 年	11.3	10.7	3.3	74.7
'13 (25) 年	10.9	10.1	3.2	75.9
'16 (28) 年	10.9	9.4	3.1	76.6
'17 (29) 年	10.3	9.8	3.2	76.7
'18 (30) 年	10.0	8.9	3.1	77.9

児童のいる世帯 (22.1%)

0　10　20　30　40　50　60　70　80　90　100 %

注：1) 1995 (平成7) 年の数値は、兵庫県を除いたものである。
　　2) 2016 (平成28) 年の数値は、熊本県を除いたものである。
出典：厚生労働省「平成30年　国民生活基礎調査の概況」

4　少子化の動向とその影響

　厚生労働省「2018年人口動態統計月報年計（概数）の概況」[2]によると，2018（平成30）年の出生数は91万8,397人で，前年よりも2万7,668人減少し，調査を開始した1899（明治32）年以来最少を記録している．過去3年最少を更新し続け，まさに減少傾向にある．出生数を母の年齢（5歳階級）別にみると，45歳以上は前年より増加しており，44歳以下は各階級で前年より減少している．母の年齢が40歳以上の出生数は5万2,917人で，40歳以上の出生に占める第1子の割合は36.7%であった．このような高齢出産が多くなっている背景には晩婚化が大きく影響しているといえよう．

　2018（平成30）年の合計特殊出生率は1.42で，前年より低下した．直近10年ほどは1.4前後で低下傾向が続いたままである．婚姻件数も減り続けており，晩婚化・未婚化は少子化の要因ともなっている．

　図1-1は，厚生労働省の「2018年国民生活基礎調査の概況」[3]による「児童のいる世帯・いない世帯の推移」を示している．児童のいる世帯はどんどん減少し，2018（平成30）年では22.1%と過去最少となっている．世帯での

子どもの数も減少傾向がどんどん進んでいる.

　子どもが少ない，きょうだいが少ない，という現代の状況は，同世代の子ども同士の関わりが少なくなるということである．もともと地域社会の希薄化や核家族化により，現代の子どもたちは異世代の人との交流の機会がなくなってきているが，さらに子ども同士の関わりも減ってしまっている．かつての子どもたちは，生活様式や社会のルール，生きる力を身近な大人たちから自然に教わっていた．家庭内ではきょうだい間で我慢をしたり，幼い子の世話をしたりなどを通して，家族間の基礎的な人間関係がはぐくまれていた．少子化社会は，子どもの育ちにさまざまな変化をもたらすこととなった.

第2節　子ども家庭支援の意義

1　家族形態の変容と子育て

　地域社会の変容にともない，家族形態も変化した．三世代ないしは親族が住居を共にする拡大家族の時代に比べると，核家族化により1世帯あたりの構成人数が少なくなり，家族の規模は極めて小さくなった．家庭の中で自然に役割分担できていたことが今ではできなくなり，家庭内で行っていた家事や子育て，介護などもサービスを有償・無償で受ける形で補う時代となった.

　前節で触れたように，子どものいる世帯が徐々に減ってきている．そうなると，子どもと接したことがない人，子どもの行動心理がわからない人，子育てする親の気持ちがわからない人が増えてしまうことになるかもしれない．このことは，子どもにとっても，子育てする親にとっても安心できない環境となってしまう．そうならないためにも，子育てを地域社会が支える価値観を形成していくことが求められる.

　家族の形態はさまざまである．共働き世帯，ひとり親世帯，ステップファミリー世帯，養子縁組世帯，国際婚世帯，同性パートナー世帯など，人々の生活や価値観の多様化により，家族の形態も多様化している．それぞれの家

族の形態，家族のあり方を認めながら，子どもの健やかな育ちを支えるために，子ども家庭支援の意義は大きい．

2　子育てに不安をかかえる親たち

　現代では，子どもの育ちを支えるためには，子育てする親へのサポートが重要である．家族の人数や近隣のつながりが多かった時代と異なり，今の子育てには負担や不安が大きく伴っている．厚生労働省が2015（平成27）年に実施した「人口減少社会に関する意識調査」[4]によると，0 〜 15 歳の子どもが 1 人以上いる人に対して，子育てをしていて負担・不安に思うことがあるかを質問したところ，「とてもある」「どちらかといえばある」の合計は72.4% で，多くの親が不安を抱えながら子育てしていることがわかる．

　具体的な負担・不安の内容については，多い順に「子育ての出費がかさむ」（46.2%），「将来予想される子どもにかかる経済的負担」（40.8%）となっており，4 割以上の人が経済的不安を抱えていることがわかる．次いで，「子どもが病気のとき」（33.3%），「自分の自由な時間が持てない」（30.1%），「子育てによる精神的疲れが大きい」（27.8%），「子育てによる身体の疲れが大きい」（21.8%），「子どもを通じての人間関係」（15.2%），「子育てに自信がもてない」（14.7%）などとなっている．この結果から，子育てにおいて責任や負担が大きくのしかかり，身体的疲れとともに精神的ストレスを多く抱えていることがわかる．

　子どもが病気の時には仕事を休まずに見てくれる人や相談相手の存在，少し息抜きできる時間の確保など，子育てしやすい仕組みがあれば，不安が解消もしくは軽減されるのではないだろうか．

第3節　子ども家庭支援の必要性

1　孤立する子育て家庭への支援

　消費化社会・情報化社会などと呼ばれ，日常の生活は便利になり，物や情報にあふれる時代となった今，子どもの育ちや子育ての環境は豊かになっているだろうか．人と人が直接コミュニケーションをとることが減り，一瞬の間に情報が手に入るものの，あふれる情報の中で何を信じればよいのか迷い，何事も効率良くスピーディーに進められることが求められるような時代となり，コンピュータや機械を相手にする機会が増えることで，次第に他人への関心が薄れていっているといえる．

　昔はどこでも子どもの笑い声や泣き声，はしゃぐ声が聞こえ，周りの大人たちは当然のように子どもの安全や成長を見守っていた．親も互いの子どもを世話しながら語らい合っていた．現在はといえば，他人の子どもと接触する機会がほとんどない大人も多く，子どもの声が騒音として受けとめられることさえある．子育て家庭は周りに必要以上に気を遣いながら息苦しく子育てしているといっても過言ではない．子育てについて身近な人に気軽に相談できないという声もある．子育て家庭が密室化・孤立化しないためにも，周囲の人々，社会が家庭を支援していくことが必要である．

　かつては，子育ては親の責任であり，公的支援は家庭での子育てができない場合の最低限の補完的サポートで限定的なものだった．それは，地縁・血縁（インフォーマル）のネットワークによる子育てが自然にできていたからである．インフォーマルな支援だけに頼ることが難しくなった現在，子育ては社会の責任であることを認識し，子育て家庭への支援は公的なものも含めて充実させていくことが求められている．

2　子育て家庭における諸問題

多様化した子どもの育ちや子育ての環境において，現代社会では子どもに関する諸問題が指摘されている．育児不安，児童虐待，貧困，ひとり親家庭，ドメスティックバイオレンス（DV），いじめ，不登校，食生活，対人関係など，さまざまなキーワードが挙げられる．これらの諸問題にはさまざまな背景がある．子どもや親自身の努力では解決しきれない，社会の状況および社会が人に与えた要因など，複雑に絡まりあった結果として諸問題が発生している．これら諸問題に対応するには，子どもとその家庭がおかれた状況を理解し，子どもと家族を見守り寄り添い，ニーズに応じて相談支援を行うことが必要である．

さらに，諸問題は特別な家庭のみに生じるのものではなく，すべての子育て家庭が困難を抱える可能性があることをふまえ，社会全体が子育てを担うという視点を忘れてはならない．

3　家庭支援における保育士の役割

保育士はすでに子育て家庭を支援している専門職である．保育所をはじめ児童福祉施設における保育士は，子育てする保護者に代わって一時的に子どもを保育・養育・療育している．保育士の実践の場は，子どもへの直接的な保育だけでなく，保護者の子育てをサポートするためにその存在価値がある．

全国保育士会倫理綱領では，「1．子どもの最善の利益の尊重」を筆頭に，子育て家庭への支援に関して，「3．保護者との協力」「4．プライバシーの保護」「6．利用者の代弁」「7．地域の子育て支援」の項目を掲げ，専門職としての遵守すべき規範を明記している[5]．

また，「児童福祉法」における保育士の定義においては，「児童の保護者に対する保育に関する指導を行う」という文言で，保護者への助言や支援を行うことが義務付けられている（第18条の4）．「保育所保育指針」（2017（平成29）年告示）では，保育所の役割として，保護者および地域の子育て家庭へ

の支援を行うことが明記され，第 4 章にて具体的に子育て支援の項目を掲げ
ている[6]．

　保育士は，子どもとその家庭の支援に携わる重要な専門職であり，そのた
めソーシャルワークの理念や原則，知識，技術を活用した実践も求められて
いる．

注
1)　内閣府「社会意識に関する世論調査」https://survey.gov-online.go.jp/h30/
　　h30-shakai/index.html（2019 年 8 月 20 日アクセス）
　　昭和 50 年 12 月調査のデータは https://survey.gov-online.go.jp/s50/S50-12-50
　　-20.html
2)　厚生労働省 「平成 30 年（2018）人口動態統計月報年計（概数）の概況」
　　https://www.mhlw.go.jp/toukei/saikin/hw/jinkou/geppo/nengai18/index.
　　html（2019 年 8 月 20 日アクセス）
3)　厚生労働省「平成 30 年　国民生活基礎調査の概況」https://www.mhlw.
　　go.jp/toukei/saikin/hw/k-tyosa/k-tyosa18/index.html（2019 年 8 月 20 日　ア
　　クセス）
4)　厚生労働省「人口減少社会に関する意識調査」https://www.mhlw.go.jp/
　　file/04-Houdouhappyou-12601000-Seisakutoukatsukan-Sanjikanshitsu_Shakai
　　hoshoutantou/001_1.pdf（2019 年 8 月 19 日アクセス）
5)　全国保育士会編，柏女霊峰監修「倫理綱領ガイドブック（第 2 版）」全国社
　　会福祉協議会，2018 年
6)　厚生労働省「保育所保育指針（平成 29 年告示）」フレーベル館，2017 年

参考文献
井村圭壮・相澤譲治編著『保育と家庭支援論』学文社，2015 年
上田衛編『（学ぶ・わかる・みえるシリーズ保育と現代社会）保育と家庭支援
　　（第 2 版）』みらい，2016 年
厚生労働省編『保育所保育指針解説』フレーベル館，2018 年
全国保育士養成協議会監修『ひと目でわかる保育者のための児童家庭福祉データ
　　ブック 2019』，中央法規出版，2018 年
全国保育団体連絡会・保育研究所編『保育白書 2018』ちいさいなかま社，2018
　　年

第2章　子ども家庭支援の目的と機能

第1節　子ども家庭支援の目的

　子ども家庭支援の目的は，子どもの育ちと子育て家庭を社会全体で支え，すべての子どもの最善の利益と福祉が図られる環境のもとで，その子らしい健やかな成長と発達を実現することにある．そのためには，子どもと家庭のおかれている状況を深く理解し，関係する社会のあらゆる資源とシステムを活用して，総合的に子ども家庭支援を実施していくことが必要とされる．

　その中で，保育における子ども家庭支援は，保育所などが有している，保育士などの専門性や，子どもが常に存在する環境などの特性を最大限に活用して，①子どもの健やかな育ちへの支援，②すべての子育て家庭への支援，③社会にとっての子ども家庭支援を行っていく役割を担うものである．

1　子どもの健やかな育ちへの支援

　子どもの健やかな育ちには，何が必要なのだろうか．当然，親をはじめとする家族や家庭の存在は大きい．しかし，現代の子ども家庭の抱える問題をみても，家族や家庭の存在があるというだけで，子どもの健やかな育ちが実現されるわけではないことに気づく．

　子どもの欲求にタイミングよく適切に応答できる親の関わりや，将来の社会性や人間関係力につながる家族との関係性，安定的で安心して過ごせる家庭環境など，いろいろな要素が複合的に関連して，子どもの健やかな育ちを生んでいく．それが，現代社会の子育て家庭では難しくなってきている．その理由として，核家族世帯が増え，家族の規模が小規模化してきていること，

共働き家庭が増え，子どもの生活時間に親の生活時間を合わせることや十分に子どもと関わる時間の確保が難しいこと，経済的に不安定な家庭や，ひとり親家庭も増加していることなどにより，本来，家族や家庭に期待される子育ての機能や役割が果たし難く脆弱になってきていることが挙げられる．

　今日では，どのように子どもの健やかな育ちを実現していくのか，家庭だけでなく，社会全体として取り組むべき課題になっている．

　厚生労働省の『保育所保育指針解説』では，家庭との連携について「保育所における保育は，保護者と共に子どもを育てる営みであり，子どもの一日を通した生活を視野に入れ，保護者の気持ちに寄り添いながら家庭との連携を密にして行わなければならない．保育において乳幼児期の子どもの育ちを支えるとともに，保護者の養育する姿勢や力が発揮されるよう，保育所の特性を生かした支援が求められる」[1]と説明されている．

　子どもの育ちに対する保護者の存在を尊重しつつ，以前のような「家庭養育の補完」というような役割から，保育を「保護者と共に子どもを育てる営み」とし，より積極的に家庭との連携を図り，子どもの育ちを支えていくことが示されている．

2　すべての子育て家庭への支援

　家庭における子育ては，本来，子どもの成長と発達を喜び，楽しみをもって行われ，ときに困難なことに遭遇したとしても，それを乗り越え，子どもの成長とともに親自身の成長と自己実現を感じられるものであることが理想的である．多くの親がそのようなことを経験し，子育て期を経ているが，他方で現代社会では子育てに悩み・苦しみ・自信が持てず・戸惑いと不安を感じ，助けを求めている親も少なくない．子ども虐待や育児ノイローゼ，産後うつ，孤立状態にある母親の存在など，子ども家庭が抱える子育ての問題が懸念されている．

　家庭における養育機能の低下が子育ての問題を引き起こしている側面もあるものの，産業構造の変化・都市化と過疎化・情報化・核家族化・家族機能

の外部化・共働き家庭の増加など，急速に変化する社会の変容が，子育て環境にも影響し，社会の構造が子育ての問題を生じさせている一面もある．以前にもまして，子育てをめぐる困難さがある現代社会では，誰もが子育ての問題に直面する危険性をはらみながら，日々子どもと向き合い子育てをしている．子ども家庭が抱える子育ての問題が，個人の要因や自己責任として捉えられるのではなく，社会の構造が生み出している問題でもあることを踏まえ，問題の有無に関わらず，すべての子育て家庭に対し社会的な子育て支援を積極的に推し進める必要がある．

　子育て支援の対象について，「保育所保育指針」では，「保育所は，入所する子どもを保育するとともに，家庭や地域の様々な社会資源との連携を図りながら，入所する子どもの保護者に対する支援及び地域の子育て家庭に対する支援等を行う役割を担うものである」とし，保育における子育て支援の対象が，子育てをしている「すべての家庭」であることを示している．

3　社会にとっての子ども家庭支援

　日本は，1990（平成 2）年の 1.57 ショック以降，さまざまな少子化対策を講じるも，有効な成果をあげられず，少子化の進行に歯止めがかけられていない．少子化は極めて重要な人口問題で，わが国の人口構造にひずみを生じさせ，雇用や社会保障，経済などへ深刻な影響を与える社会的な問題である．これまで，日本の社会政策はともすれば高齢社会への対応に偏って行われてきた側面があり，諸外国に比べ子どもや子どもを産み・育てる若い世代の人たちへの公的支援が質と量の両面においても十分ではなく，世代間の不公平感もあった．

　そのため，国は「少子化社会対策基本法」「次世代育成支援対策推進法」「子ども・若者育成支援推進法」を定め，また「子ども・子育て支援法」とそれによる「子ども・子育て支援新制度」を推進するとともに，男女共同参画社会の実現や，仕事と生活の調和（ワーク・ライフ・バランス）をめざす働き方改革などにより，若い世代の人たちが，子どもを産み・育てやすい社会

をつくることで，少子化問題の解決に向けた取り組みを進めてきている．

　社会全体で子どもと子育て家庭を支える環境を創出するためには，まだまだ支援の内容，方法，仕組み，拠点，人材の育成など十分ではなく，今後より一層の子育て支援の充実が求められている．保育所などにはこのような子育て支援に対する社会的な役割もあることを踏まえた取り組みが期待される．

第2節　子ども家庭支援の機能

　保育所などが，保育における子ども家庭支援の目的を果たすためには，自らが有する特性を生かし，子ども家庭支援につながる専門的機能を働かせる必要がある．子育て家庭が支援を求める問題の多様性や，在園の子育て家庭をはじめ，地域の保護者や近隣の住民，関係機関や専門職者など幅広い関わりを必要とする関係性に，十分対応し得る専門的機能を備え，高めることが求められる．以下に5つの専門的機能を示す．

(1)　家庭の養育力を高める機能

　核家族化や少子化が進行する現代社会においては，親から子へ育児が伝承され難い環境下にあり，子育てを見聞きしたり，体験したりしたことのない，つまり，親になる前に，親になるプロセスを辿ってきていない世代の保護者が総じて多くなってきている．それにより，以前よりも家庭の養育力が低下してきているといわれている．

　また，家庭生活を取り巻く人間関係が希薄で，誰かに助けを求めたり，困っていることに気づいて声をかけてもらったりすることができず，社会的に孤立している子育て家庭も少なくない．たとえ情報化社会で，簡単に育児情報が入手できたとしても，それを有効に活用できるとも限らない．そのため，養育力を高める機会も少ない．

　家庭のもつ養育力は，子どもの健やかな育ちに直結する．子どもの保育に関する専門性を有する保育士などは，子どもの保護者に対する保育に関する

指導を行う役割も担っており，子育てに関する相談，助言，行動見本の提示
その他の援助を行い，保護者が有する子育てを自ら実践する力を高め，家庭
の養育力の向上に資する．このとき，保護者の主体性や自己決定を尊重し，
エンパワメントを高める働きかけが重要となる．それは，「児童福祉法」に
定められている，子どもを育てる第一義的な責任は保護者にあるということ
を前提に，保育における子育て支援は，保護者が自らの育成責任を果たせる
よう，支援することにその目的があるからである．

(2)　問題の発生を予防する機能

　子育ての問題が生じやすい現代社会においては，問題そのものの発生を事
前に予防するための積極的な支援への取り組みが求められる．保育士などは，
子どもや家庭の変化に気づきやすい立場にいる．また，身近な子育ての専門
家として気軽に相談しやすい存在でもある．万一，問題が生じたとしても，
早期に発見し，適切に支援することで深刻化させずに問題解決へ導くことも
でき，その意味では，セーフティ・ネットとしての機能を果たす．

(3)　他機関につなげて問題解決につなげるコーディネートの機能

　子ども家庭が抱える問題は多様で複雑でもあり，問題によっては，保育士
などの有する子どもの保育に関する専門性では十分に対応できない場合もあ
る．そのときには，ためらわず，抱え込まず，地域にある専門機関や専門職
者に子ども家庭をつなげて，問題解決にあたるコーディネートの機能を発揮
する．そのためには，地域にどのような専門機関や専門職者がいるのかを事
前に把握し，連携がとれるような関係性を築いておくことが必要である．

(4)　より専門的な支援を働きかける機能

　子どもに障がいや発達上の課題がみられる場合，医療的ケアを必要とする
病児・病後児がいる場合，保護者に育児不安などがみられる場合，また保護
者に不適切な養育などが疑われる場合など，個別の支援が必要な子ども家庭

には，より専門的な支援を働きかける必要がある．このような子ども家庭への働きかけでは，家庭とより緊密な連携を図り，支援につながる関係性を十分に築くことが重要となる．その上で，個別の支援計画を作成し支援にあたる．担当する保育士などへの負担も大きくなることから，職員の加配をするなど，所（園）内における支援体制を整備し，十分に保育の専門性が発揮されるような環境づくりが求められる．

(5)　地域の子育て力を高める機能

　保育所などには，保育の専門的機能を生かして，地域の子育て力を高める取り組みを行う役割も求められている．保育所などが所在する地域の実情を把握し，地域が抱える子育ての課題や保護者の要望に即した子育て支援を行うなど，地域に開かれた子育て支援を積極的に展開することが望まれている．

　したがって，保育所などは，①地域の保護者へ働きかけること，②その他の地域住民に働きかけること，③地域の子育て支援の関係団体などと連携を図ることを行っている．実際には，保育所などが地域の保護者と子ども，近隣の住民を園内に招き交流する活動や，逆に，保育所などの方から地域に入って行き育児講座などを催すこと，地域にある子育て支援の関係団体などの活動に参加し連携することなどの取り組みが行なわれている．

　このような取り組みにより，地域の保護者は，①子育て支援が受けられる場が身近にあること，②人との交流の機会があること，③自らが地域社会の一員として存在することを認識することができる．また，地域も子ども家庭の存在を認識し，住民同士のつながりにより子ども家庭を支えることや，見守ることの重要性に気づくことで，子ども家庭にやさしい町づくりにつながっていく．

　保育所などが子育て支援の拠点の一つとして，積極的に地域に関わったり，活用されたりすることで，地域の子育て力を高めることに寄与し，子どもを産み・育てやすい環境づくりへの貢献が成されていく．

第3節　地域と連携・ネットワークづくり

1　地域における子ども家庭支援

　「子ども・子育て支援法」とそれによる「子ども・子育て支援新制度」の導入で，子ども家庭支援は，より包括的な支援体制の構築に向け進展してきている．その流れの中で，近年の子ども家庭支援に関する諸施策は，市町村を実施主体とするものが増えている．地域の実情に即した子ども家庭支援を展開するためには，市町村単位での取り組みが必要であろう．しかし，果たして市町村主体のみで子ども家庭支援の充実が可能であろうか．地域によって受けられる支援の質と量が違うといった，地域差を生まないような，支援体制の構築が望まれる．

　「保育所保育指針」では，子育て支援に関して留意すべき事項として，「保護者に対する子育て支援における地域の関係機関等との連携及び協働を図り，保育所全体の体制構築に努めること」が規定され，また，地域の保護者などに対する子育て支援にあたっては「地域に開かれた子育て支援」への積極的な取り組みを求めている．

　保育士などは，行政機関のみならず，地域の関係機関や団体，専門職者との連携の意義を認識し，自らが社会全体ですべての子どもと子育て家庭を支える包括的な支援の中核を担っていることの社会的責任を，一つの使命として捉えておかなければならない．

2　子ども家庭支援の連携とネットワークづくり

　従来，保育所や子育て支援センターが子育て支援の拠点として位置づけられ，現在もその役割を継続してきているが，子ども家庭支援の場は広がりをみせ，新たに市町村の母子保健機関として子育て世代包括支援センター（「母子保健法」上の名称は母子健康包括支援センター）も新設されている．行

政機関とともに，地域の社会資源となる専門機関や専門職者との連携・協力のもと，すべての子育て家庭に支援の手が行き届くような包括的な支援体制のネットワークづくりが必要である．

　保育所などはそのネットワークに子ども家庭をつなげる役割と，ネットワーク内での連携が円滑に進められるよう中核的な役割を担う，コーディネートの役割が期待される．

　ハード・ソフトの両面から広がりをみせる子ども家庭支援であるが，一方で，社会的に孤立している子ども家庭が少なくないことも顕在化してきており，子ども家庭支援の取り組みに対する社会の認知度に課題がある．

　子ども家庭支援はすべての子育て家庭に利用されてこそ，その目的が達成されるのであり，認知度の向上と利用の促進に向けた包括的な取り組みが今後の課題となる．

注
1)　厚生労働省編『保育所保育指針解説』フレーベル館，2018年，p.14

参考文献
大日向雅美「子育て支援のこれまでとこれから――新たなステージを迎えて」『発達』通巻第140号，ミネルヴァ書房，2014年，pp.2-9
井村圭壮・今井慶宗編著『現代の保育と家庭支援論』学文社，2015年
内閣府・文部科学省・厚生労働省『幼保連携型認定こども園教育・保育要領解説』フレーベル館，2018年
日本社会福祉学会事典編集委員会編『社会福祉学事典』丸善出版，2014年

第3章　保育の専門性を生かした子ども家庭支援とその意義

第1節　保育者が行う子ども家庭支援の基本

1　子ども家庭支援における保育者の役割

2001年（平成13年），「児童福祉法」第18条の4において，保育士は「保育士の名称を用いて，専門的知識及び技術をもつて，児童の保育及び児童の保護者に対する保育に関する指導を行うことを業とする者」と定められた．社会状況の変化に伴い家庭の養育力の低下が指摘されるようになり，保育者が子育ての基盤となる家庭を支援する必要性があり，その役割を担うことが明記された．

2008年（平成20年），「保育所保育指針」には，「保護者に対する支援」として新たな章が設けられ，保育所の特性を生かし，家庭と連携して子どもの育ちを支え，安定した親子関係の構築や養育力の向上を目指すことが示された．また，保護者の不安に寄り添い，子どもの成長を喜び合える共感的な支援を重視している．

2017（平成29年）告示，2018年（平成30年）に施行された「保育所保育指針」の改定では，「保護者に対する支援」を「子育て支援」と表記を改め，記載内容の整理と充実が図られている．多様かつ特別なニーズを有する家庭への支援等，子育て家庭支援の必要性はさらに高まり，地域の社会資源とも連携を強めていくことが求められている．また，子育て支援の基本に示されていた「保護者とともに，子どもの成長の喜びを共有すること」は，「保護者が子どもの成長に気付き子育ての喜びを感じられるように努める」[1]こと

とされ，保護者が子育ての主体として，自己決定を尊重した支援のあり方が大切にされている．

　人間形成の基礎を培う乳幼児期の子どもの保育，教育に携わる保育者[2]が行う子育て家庭への支援は，子育ち・子育てが難しい時代背景を踏まえて，子どもとその家庭を理解すること，子ども家庭福祉の理念に基づく倫理観に裏付けられた専門的な知識，技術および判断に基づいて行うことが大切となる．その職責を遂行するためには子育て支援における基盤（知識および技術，共有すべき価値観等）が重要となり，その専門性の向上が常に求められている．

2　保育の場の特性を生かした子育て支援

　子どもの健全な心身の発達を図ることを目的としている保育の場は，乳幼児期の発達の特性を踏まえた保育・教育が実践され，長期的かつ継続的に子どもの発達支援および子育て家庭への支援を行うことができる．

　このような環境を生かし，保育者は子どもの送迎時や連絡帳を活用して保護者とコミュニケーションを図り，日々の子どもの育ちや子育ての楽しさを共有し，子育てへの意欲や自信につながるように努めている．また，保育者は子どもの健康，発育・発達の状態，保護者の様子等を日常的かつ継続的に観察することができる．そのため，子どもや保護者のわずかな変化から子育て家庭が抱えている課題や不適切な養育の兆候等を早期に発見し，対応することができる．このような日常の積み重ねが，子育てに対する不安や負担感を軽減するだけではなく，気軽に悩みを相談できる環境をつくることができ，子育て家庭を身近にサポートできる場となりえる．

　また，乳幼児期の子どもとのふれあい体験が乏しい保護者にとって，乳幼児期の子どもたちが集団で生活している環境にふれることは，発達には個人差があることを知ったり，発達の見通しをもつことができたり，子どもの発達理解を深めることができる．また，保育行事や保育参加等をとおして保護者が保育にふれる機会は，子どもの興味・関心に基づいた遊びや子どもとの

関わり方を学ぶ機会にもなる．それがばかりでなく，子どもを中心とした保護者同士の交流ができ，子育ての悩みを共有したり，情報交換を行ったりする場にもなる．同年齢の子育てをしている保護者同士のつながりは，孤立感の軽減にもつながる．

第 2 節　保育の専門性と子育て支援の実際

1　保育の知識および技術を生かした子育て家庭支援の方法

　保育士の業務として位置づけられた，子どもの保護者に対する保育に関する指導とは，「保護者が支援を求めている子育ての問題や課題に対して，保護者の気持ちを受けとめつつ行われる，子育てに関する相談，助言，行動見本の提示その他の援助業務の総体」[3] とされ，保育の専門的知識・技術を背景として行うことが求められている．具体的には，①発達を援助する知識及び技術，②生活援助の知識及び技術，③保育の環境を構成していく知識及び技術，④遊びを豊かに展開していくための知識及び技術，⑤関係構築の知識及び技術，⑥保護者等への相談，助言に関する知識及び技術[4] が示されている．この①〜⑤の保育の知識及び技術を基盤として，子育て家庭への支援が行われている．⑥は，保育相談支援技術として，「言語的援助技術」，「動作的援助技術」，「物理的環境の構成」[5] に整理されている．たとえば，言語的援助技術には，受信型技術（承認，状況のよみとり等）と発信型技術（代弁，方法の提案）があり，動作的援助技術には行動見本の提示等が示されている．また，物理的環境を工夫することで，子育て支援の機能を果たすことができる．たとえば，日常の子どもの生活や遊びの姿をエピソードとともに写真を掲示したり，子どもの作品を展示したりすることで，日中の子どもの様子や子どもの育ちを保護者に視覚的に伝えることができる．保護者にとって所（園）での子どもの様子がみえることは，喜びや安心につながり，保育者への信頼を育むこともできる．さらに，親子のコミュニケーションを促すきっ

かけづくりや養育力の向上につなげていくなど，さまざまな目的が考えられる．

　上述した保育の知識や技術を生かした子育て支援が機能していくためには，支援におけるプロセスも大事になってくる．まずは，保育者が各々の子育て家庭の状況を把握し，日常の子育ての疑問や悩み，保護者の子どもや子育てへの思いなどを知ることが大切である．なぜなら，保護者の悩みの根底にあるものを理解することは，子どもとその保護者が必要としている，また，子どもと保護者に必要な支援を見出すことができるからである．その上で，子育てに関する必要な情報発信や共通理解にむけた情報共有に努めていく．このような丁寧な関わりは，同じ視点で子どもの育ちに向き合う関係を構築することができ，この関係性を基盤として，保護者は，保育者の具体的な助言や提案を参考にし子育てに取り入れることができる．保育者は子どもや保護者の状況を改善するための方法が，目の前の子どもの実態を踏まえた子どもの最善の利益を考慮した内容であることに留意しておきたい．

2　保育の知識および技術の視点を生かした子育て支援のポイント

　保育者が行う子育て支援は日常の保育と密接に関連している．そこで，保育の実践を①基本的生活の確立，②乳幼児期の発達の特性，③環境をとおした遊び，④人間関係の構築と集団生活の4つの視点から，保育者が行う子育て支援のポイントを整理する．

(1)　基本的生活の確立

　発達にふさわしい生活リズムをつくることは，子どもの発育・発達の基盤となり，子どもの育ちには欠かせない．そのため，子どもの生活の連続性をふまえた家庭との連携が大切となる．

　また，基本的生活習慣の確立（自立）に向け，保育者は子どもたちが自分でやってみたい気持ちや自分でできる喜びが感じられるように，子どもの自発性を重視した援助をしている．このような，子どもを尊重した関わり方の

行動見本を提示し，依存と自立で揺れる子どもの気持ちを代弁していきたい．

(2)　乳幼児期の発達の特性

　子どもの発達において，保護者は育児書の情報や他児と比較して，不安や焦りを感じることがある．そこで，保育者は発達の過程や個人差等を伝えることができる．また，発達を「できる・できない」とみるのではなく，発達のプロセスや発達の芽を子どもの育ちとして見逃さない保育者の視点を生かしていきたい．たとえば，玩具の握り方ひとつにも変化があり手指の巧緻性が育まれていること等，子どもの育ちを丁寧に保護者に伝えることで，保護者にとっては，これまで見えていなかった子どもの成長に気づくことができるきっかけとなり，子どもの発達を焦らず見守ることにもつながっていく．

　乳幼児期の発達は目に見えにくいこともあるため，子どもの日常の様子をとおして，発達一つひとつの意味や子どもの育ちをみる視点，発達に応じた関わり方等を伝えていきたい．

(3)　環境をとおした遊び

　子どもの遊びは，子どもが主体となり，子ども自ら環境に働きかけ，自発的な活動であることが大切である．このような子どもの自発的な活動や活発な探索活動は情緒の安定が基盤となるため，養護的な働きかけや環境づくりが大切となる．また，年齢に応じた玩具・教材の選択，提示の仕方，遊びの発展性などに考慮した環境構成は，保護者の子ども理解を深めていく．このような環境との相互作用の中で育まれる子どもの育ち，子どもが生活や遊びをとおして学んでいること，保育者の働きかけ等を丁寧に伝えていきたい．

(4)　人間関係の構築と集団生活

　大人のあたたかい応答的かつ受容的な関わりの中で育まれていく乳幼児期の自尊感情や基本的信頼感は，その後の発達の基盤となる．そのため，子どもと保育者だけではなく，子どもと保護者との安定した親子関係も大切とな

る．そこで，保育者は，子どもの言動に表出した子どもの心情を代弁することや親子でできるふれあい遊び等，具体的な方法を提案していくことができる．子どもの育ちには，発達の基盤が育まれているからこそ，発達が広がっていく長期的な視点をもって保護者に解説していくことが大切である．

　また，保育の場においては，他児との関係構築がうまくいかない，集団での活動に参加できない子どもの様子がみられる．集団生活だからこそ浮き彫りになる問題は，保護者にはみえにくい子どもの姿であり保護者理解が得られない場合もある．そのため，子どもの姿の共有，子ども理解の齟齬をなくすことは保育者の役割の一つとなる．

3　保育相談支援をとおして変容する保護者の様子

　保育の知識及び技術を生かした保育相談支援をとおして，保護者がどのように変化するのか，事例をとおして考えていく．

事例：親子の交流を促す絵本の読み聞かせ（4歳児）6)

　子どもから，絵本を保護者のところに持ってきて，絵本の読み聞かせをするよう要求する．しかし，絵本を広げると保護者の膝の上に座り体を寄せてくるものの，ページはざっとめくるだけで絵本の内容を聞かない．この行動を繰り返し行うため，保護者は，「絵本を読んでと持ってくるのになぜ聞かないのか」と，その行動をみてイライラしてしまうという相談があった．

　保護者の認識としては子どもの目的は絵本を読んでもらうことと捉えていた．そこで子どもの様子から子どもが絵本を介してスキンシップを求めている可能性があることを伝えたところ保護者は子どもの思いに気づき，子どもの行為を肯定的にみることができるようになった．また，絵本の読み聞かせの時間が親子の交流となり快の体験となり得ていたことを伝え，保護者の子育てを支持した．

　保護者の子どもへの理解が深まると，子どもや子育てへの思いが変化していくことがわかる．保護者の気づきは，子どもの言動の裏にある思いを想像

するきっかけにもつながっていく．

　また，受容的な態度で保護者の話を聴くことで，保護者は自ら日常の子育てを振り返りながら，子育てへの意欲を見出す姿がみられた．

第3節　保育を生かした子育て家庭支援の意義

　保育の専門性を生かした子育て家庭支援の意義について，相互に関連していることを踏まえ，3つの視点からまとめていく．

　まず，子どもの育ちを共に支えることができることである．保育者は子どもの発達や心情を理解した上で，大人にとっては困ったと感じる行動にも子どもなりの考えや意味があると考え，肯定的な意味づけを行う．このような子どもの捉え方は，保護者の子ども理解を深め，子どもを尊重していくことにつながる．また，子どもに関わる大人の存在がいかに大事であるかを共有し，保育者と保護者で連携して，子どもの豊かな育ちにつなげていくことが大切となる．

　次に，保護者の変化を支えることができることである．保育者の保護者をありのままに受けとめる受容的な態度は，保護者の安心感を育み，子育てへの意欲を見出すきっかけとなり得る．そのためには，不適切にみえる子どもへの関わりや表面化している言動だけではなく，そうせざるを得ない保護者の考えや思い，状況を理解することに努めることが大事である．その“なぜ”を問うことで，保護者自身が漠然としていた不安感の要因が明確になることもある．たとえば，こうあるべきだと思っていたことがそうではなくてもいいと思えるだけでも，子育てに対する意識の変化や感情の変化につながっていく．

　最後に，子どもと保護者との安定した関係構築を促すことができることである．保育者は，保護者が否定的に感じている子どもの育ちや子どもへの感情を受けとめ，違う視点から子どもの育ちの豊かさ，おもしろさ，子どもの思い等を伝えることができる．この積み重ねが，保護者がこれまで気づかな

かった子どもの成長に気づき，子どもの捉え方が変化し，保護者が子育てへの楽しさや自信を高めていくこととなる．そのような保護者の変化は，子どもの安心を育むことができ，安定した親子関係の構築が子どもの育ちの広がりを保障していく．

注
1) 汐見稔幸・無藤隆監修『〈平成30年施行〉保育所保育指針　幼稚園教育要領　幼保連携型認定こども園 教育・保育要領 解説とポイント』ミネルヴァ書房，2018年，p. 59
2) 本章では，保育所保育指針解説書を根拠として説明をしているが，幼稚園，認定こども園でも，保護者との連携のもと，子どもの育ちを支えることが求められていることを踏まえ，保育士と表記していることもあるが，教諭等も同等の役割を担うと考えている．
3) 厚生労働省編『保育所保育士指針解説』フレーベル館，2018年，p. 328
4) 前掲3) p. 17
5) 日本保育学会編　『(保育学講座⑤) 保育を支えるネットワーク』東京大学出版会，2016年，pp. 77-81
6) 砥上あゆみ・菅原亜紀「言語表現の基礎を培う 0-2歳児の絵本の読み聞かせ―講座における親子への支援をとおして―」『純真紀要』第57号 2017年，pp. 83-84

参考文献
井桁容子『保育でつむぐ子どもと親のいい関係』小学館，2015年
柏女霊峰，橋本真紀『保育者の保護者支援―保育相談支援の原理と技術（増補版)』フレーベル館，2010年
亀崎美沙子『保育の専門性を生かした子育て支援――「子どもの最善の利益」をめざして』わかば社，2018年
武田信子『保育者のための子育て支援ガイドブック――専門性を活かした保護者へのサポート』中央法規出版，2018年

第4章　子どもの育ちの喜びの共有

第1節　子育て支援と子どもの育ちを支える保育者の肯定的な眼差し

　近年，子育ての環境が大きく変わり，母親が子育てを一人で抱え込んで行っている様子が「孤育て」「ワンオペ育児」という言葉で表現されることがある．社会や地域から孤立した子育ては，子育てをする親の不安を助長させると共に，子育てに対する自信を失墜させている．このような状況を払拭する機会がないまま子育てが継続された場合，虐待を誘発する心理的な要因となる可能性があることから，近年の子育てのあり方が社会的な課題として取り上げられるようになった．

　近年の子育てにおける社会的な課題を受けて，2018（平成30）年施行の「保育所保育指針」では，「子育て支援」の章が新たに設けられた．これは近年において子育て支援の重要性が増し，緊急に取り組まなければいけない課題であることの表れである．中でも，「保育所保育指針解説」の「4章　子育て支援　1保育所における子育て支援に関する基本的事項　(1) 保育所の特性を生かした子育て支援〔保護者に対する基本的態度〕」には，「保育士等が保護者の不安や悩みに寄り添い，子どもへの愛情や成長を喜ぶ気持ちを共感し合うことによって，保護者は子育ての意欲や自信を膨らませることができる．保護者とのコミュニケーションにおいては，子育てに不安を感じている保護者が子育てに自信をもち，子育てを楽しいと感じることができるよう，保育所や保育士等による働きかけや環境づくりが望まれる．」[1]と，記されている．子育て支援において保育者が保護者と子どもへの愛情や子どもの成長

を喜ぶ気持ちを共感し合うことで，保護者の子育てに対する意欲や自信を膨らませ，保護者が楽しんで子育てを行えるように，保育者の保護者への積極的な働きかけが望まれていることがわかる．

　子どもの成長や発達は同じ年齢であっても一律ではなく，子どもの月齢や環境等によって違いが生じる．保護者はその発達の違いを，できるかできないかという尺度だけの見方で行い，できるということに主眼を置いていることが多い．そのため，他の子どもと比べてできていないことに目が向きやすく，子どもができていないと感じられることがあると，保護者は発達が遅れているのではないか，子育てが間違っているのではないかという不安を抱えることになる．そこで，保護者が子どもの成長発達の個人差について理解しながら，子どもが育つ過程を喜び，子育てをする意欲や自信がもてるような保育者の関わりが強く求められているのである．

　保育者が保護者と子どもの育ちの喜びを共有するきっかけを作るためには，子ども一人ひとりに対する肯定的な眼差しが必要となる．保育者が子どもに対して肯定的な眼差しを向けることで，一人ひとりのわずかな成長発達にも気づくことができ，保育者自身が子どもの育ちを喜びとして感じられる．そのために，保育者は子どもを肯定的に見ようと意識し続けることが必要になる．保育者が肯定的に子どもをみようと意識し続けることで，いずれ無意識に子どもに対して肯定的な眼差しを向けられるようになり，子どもの成長発達に対する喜びを常に感じられるようになる．また，保育者の子どもを肯定的にみる眼差しは，子どもが安心して自分らしさを発揮できる雰囲気を子どもが生活する場にもたらす．この雰囲気こそが子どものよりよい成長発達を促し，子どもの育ちを喜びに感じられる機会を多くもたらす好循環を生む．保育者と保護者が子どもの育ちの喜びを共有する為には，まず保育者の子どもに対する肯定的な眼差しが不可欠なのである．

第2節　保護者が子育てに自信をもつための保育者の関わり

　保育者が保護者と円滑に関わるためには，保護者との日頃からのコミュニケーションが大切である．誰でも信頼関係がある人の言葉は素直に受け入れることができるが，信頼関係がない人の言葉はなかなか受け入れることができない．特に心理的に不安が大きい場合にそのことが顕著になることから，子育てに不安を抱えている保護者と関わる場合には，信頼関係があることが前提になる．保育者は保護者の不安や困りごとなどがあることを感じてから信頼関係を築くのでは遅い．そのため，保育者には保護者と日頃からコミュニケーションをとり，信頼関係を築いておくことが望まれる．

　保護者は子育てをする過程で，発達の遅れ，トイレットトレーニング，偏食など多くの気になる事柄に遭遇しながら，その度に「私の育て方が悪いのでは」と，自らの子育てに対する不安を高め，自信を失う．そのため，保護者が子育てに対して自信がもてるような保育者の関わりが必要になる[2]．

　保護者が子育てに自信をもつためには，自分の子育てを肯定してくれる人がいることと保護者自身が自分の子育てを肯定できるという2つの要素が必要になる．このうちのどちらが欠けても保護者が子育てに対して自信をもつことができない．自分の子育てに自信をもつためには，他者からの評価が重要になる．そこで保育者が保護者の子育て力を信じ，保護者の子育てに対して肯定的な眼差しを向けながら，保護者の子どもに対する関わりの良さを伝えることが大切である．

　たとえば，子どもが保育所の玄関で靴を脱いで靴箱に入れた姿を見て，保護者が子どもに「上手に靴を脱いで入れられたね．」と，子どもを褒めたときに，保育者が子どもに対して「お母さんに褒めてもらえてうれしいね．上手にできたよね．」，そして，保護者に「今の言葉のかけ方とてもいいですね．自分のしたことを大好きなお母さんに褒めてもらっているからきちんとやろうとして，いろいろなことが出来るようになっているのですね．」と，保育

者が保護者の子育て力を信じて保護者に向ける肯定的な眼差しが，保護者の何気ない子どもに対する言葉がけの良さを捉えることを可能にするのである[3]．

　保護者は自らの子どもへの関わりに対して自信がなく不安に思うことはあっても，自らの子どもへの関わりが子どもの成長を促していると感じることはあまりない．そこで，保護者の関わりを褒めるだけに留まらず，保護者の関わりが子どもの成長にどのように影響しているのかを丁寧に伝えることで，保護者は自分の子どもへの関わりが子どもの成長によい影響を与えているのだということに気づくきっかけとなる．そのことに気づいた保護者は，今まで無意識に行っていた子どもへの関わりを意識的に行うようになると共に，子どもの成長を感じたときに，自分のどのような関わりが影響したのかを考えられるようにもなる．そのような経験の積み重ねが，子育てに対しての意欲や自信を膨らませ，保護者の子育て力を引き出すのである．

　そして，子どもができたことを保護者に伝えるときに，あえて子どもの前で保護者に伝えることで，単に子どもの育ちの喜びを保育者と保護者とが共有するだけに留まらず，子どもの育ちをより促すことにもつながる．たとえば，子どもが排泄を成功したことを子どもの前で保護者に伝えることによって，保護者が子どもの育ちを喜ぶとともに，子どもは保育者と保護者が自分のことを喜んでくれていることを嬉しく思い，そのことによって自信をもつだけではなく，自分のことを大切に思ってくれているという実感が自尊感情をも育ませるのである．

第3節　保護者の子育て力を引き出す

1　育ち合いのサイクル

　保護者は家庭で家事と子育てに追われて，ゆっくりと子どもと関わる時間がなく，ちょっとした子どもの成長を感じるだけの余裕がもてない場合が多

い．また，保育所では子どもが集団生活をする中で，保育者や友だちとの関わりによって成長を遂げる姿がみられる．たとえば，周りでハイハイをする姿に触発されて，ハイハイをするような動きを見せたり，実際にハイハイをしたり，鬼ごっこなど友だちと誘い合いながら喜んで生活する姿などである．そのような子どもの姿を「ハイハイが上手にできるようになってきましたね」「『鬼ごっこしよう』って友だちと誘い合いながら楽しく遊んでいましたよ」と，子どもの成長や自己発揮している姿を保育者自身が喜び，その気持ちと共に保護者に伝えることで，保護者は子どもの成長を実感することができ，保育者と保護者とが子どもの育ちの喜びを共有することにつながる．このような子どもの育ちの喜びを共有することこそが，保護者に子育ての喜びをもたらすのである[4]．

　また，保育者が子どもの成長を保護者に伝えて，子どもの育ちの喜びを保護者と共有することで，保護者の子育て力を引き出す．保育者によって子育て力を引き出された保護者は，子どもの成長を喜びながら，子どもとの関わりに自信をもち，子育て力を発揮しながら大らかに子どもと関われるようになる．子育て力を発揮する保護者に大らかに関わってもらった子どもは，保育集団の中で伸び伸びと自信をもって行動し，自己発揮しながら成長を遂げる．その姿を保育者は喜び，保育を楽しみ自信をもって行うようになる．ここに保育者と保護者と子どもの三者が互いに自信を高め合いながら，保育者は保育と保護者支援を行い，保護者は子育てを行い，子どもは集団生活を行う中で「育ち合いのサイクル（図4-1）」が機能するのである[5]．

2　初めてできた喜びは保護者に

　子どもが成長する過程には，一つずつ出来るようになる瞬間がある．たとえば，寝返り，立つ，歩く，排泄，鉄棒などである．保育者はそれらができるようになるための声かけや補助，関わり方といった保育技術を有している．そのため，子どもの成長を促すために保育技術を使用して，子どもができるように上手に導き成長を促すことができる．しかし，ここで考えなければい

図 4-1　育ち合いのサイクル

永野・岸本『保育士・幼稚園教諭のための保護者支援』pp.18-19 を
もとに作成6)

けないことは，保護者にとって子育ての一番の喜びは何なのかということである．それは，子どもが初めてできるようになった瞬間に立ち会い，実際に目の前でその瞬間を目の当たりにすることである．子どもが初めてできたことを保育者から聞くのと，子どもが初めてできた瞬間を自らの目でみるのとでは，どちらも子どもの成長を喜ぶことに変わりはないが，喜びの大きさという点で違いが生じる．

　たとえば，子どもが寝返りをしようと何度も何度も挑戦している姿をみたときに，保護者も思わず力が入り，子どもと一緒に体をねじらせてしまう．そして，体をねじらせながら「もう少し，もう少し」と声をかけて応援しながらみていたときに，子どもがすっと寝返りを初めてできた瞬間に立ち会えた喜びは，何にも代え難い．その喜びが，子育ての不安や苦労を消し去ってくれると言っても過言ではない．

　保育者は，子どもが初めてできた瞬間に保護者が立ち会い，その姿を目の当たりにしたときの喜びを考えて，できる限り子どもが初めてできる瞬間を保護者が立ち会うことができるタイミングに合わせる必要がある．寝返りがあと少しでできそうなときには，保育所であと一歩という所までの補助はしても，もうできるという先は保護者に補助の仕方等を教えて，保護者が初め

て寝返りができたという瞬間に立ち会い，子どもの成長を喜ぶことができる
ようにしなければいけない．保護者が家に帰って保育者に教えてもらった補
助等を行うことで，子どもが寝返りをできるようになると，翌日にはその保
護者は保育者に寝返りができたことを喜んで伝えてくれるはずである．その
際に，保育者は保護者と子どもの育ちの喜びを共有することになる．このよ
うに，保育者と保護者が子どもの育ちの喜びを共有することにおいて，保育
者が保護者に子どものできたことを伝える場合と，保護者が保育者に子ども
のできたことを伝える場合とがある．どちらにおいても，保育者が自分のこ
とのように子どもの育ちを喜んでくれたということを保護者が実感し，保護
者にとって保育者が一緒に子育てをする仲間でありよき理解者なのだという
意識をもてることが大切である．

　しかし，場合によっては，保護者に子どもが初めてできた瞬間に立ち会わ
せることが難しい場合もある．そのような場合には，ただできたことを言葉
で伝えるだけではなく，子どもに「お母さんに見せてあげよう」と，実際に
保育所でできるようになったことを，保護者の前で披露する場を設け，保護
者と保育者が子どもの姿を見守り，できた瞬間に一緒になって喜ぶという場
づくりが必要になる場合もある．

　このように子どもが一つひとつできるようになっていく成長する姿は，保
護者にとってかけがえのない喜びである．しかし，できるようになるタイミ
ングは一人ひとり違う．保護者は子どものことを大切に思っている分，他の
子ができるようになっているのに，自分の子どもができるのが遅いと大変気
になり不安になる．その場合には安易に「大丈夫」という言葉だけで終わら
せるのではなく，月齢や環境など心配する必要がないという根拠とともに，
今後はどれくらいの時期にどのような成長をたどっていくのかを具体的に明
示する必要がある．保護者にとっては，子どもができないことも不安である
が，見通しがもてないことがより不安を助長させるからである．そして，保
護者には保育者の保育技術による子どもへの具体的な関わり方を伝え，保護
者がどのように子どもと関わればよいのか，またその関わりによって子ども

がどのような成長をたどるのかも伝える必要がある．保護者には子どもの成長の見通しを十分にもたせた上で，保育者も子育てを一緒になって行っていくという協力する姿勢を感じさせることが，保護者を安心へと導くのである．

3　子どもの育ちの可視化

　子どもの育ちの喜びを共有する方法として，保護者に直接的に言葉で伝える方法だけではなく，クラスだよりやドキュメンテーション，ポートフォリオ，ブログなどを使用した方法もある．写真を使用するこれらの方法は，言葉だけでは伝えきれない子どもの表情や様子，感情を伝えることができる．また，これらを使用することで保護者に子どもの成長をより具体的に伝えることができ，子どもの育ちの喜びを共有することに役立つ．また，これらに使用される写真は，子どもが喜んでいたり，がんばっていたり，集中していたり，協力していたりする姿といった，保育者が肯定的な眼差しを向けている子どもの姿である．写真そのものが子どもの成長を物語り，写真に写る子どもの姿によって保護者は子どもの成長の喜びを感じ，子育てに対する自信につなげることとなる．子どもの育ちの喜びを保育者と保護者が共有することにおいて今後はＩＣＴの活用をさらに考えていく時代でもある．

注
1）厚生労働省『保育所保育指針解説』フレーベル館，2018年，p. 329.
2）柏女霊峰編『保護者支援スキルアップ講座――保育者の専門性を生かした保護者支援―保育相談支援（保育指導）の実際』ひかりのくに，2010年，p. 34.
3）同上書，pp. 38-39
4）井村圭壯・今井慶宗編『保育実践と家庭支援論』勁草書房，2016年，p. 28
5）永野典詞・岸本元気『保育士・幼稚園教諭のための保護者支援――保育ソーシャルワークで学ぶ相談支援（新版）』風鳴舎，2016年，pp. 18-19.
6）同上.

参考文献
無藤隆編『育てたい子どもの姿とこれからの保育』ぎょうせい，2018年．
片岡章彦「特集4　保育者による保護者支援」『保育とカリキュラム』2108年8月号，ひかりのくに，2018年．

第5章　保護者および地域が有する子育てを 自ら実践する力の向上に資する支援

第1節　保護者および地域が有する「子育てを自ら実践する 力」の向上に資する支援

1　保護者および地域が有する「子育てを自ら実践する力」

　本章では，保護者および地域が「子育てを自ら実践する力」を保持しているという前提に立ち，その力を向上させるための支援について考えていく．ここでいう「子育てを自ら実践する力」とは，「保護者が自分だけで子育てを実践する力」という意味ではない．周知のとおり，保護者だけの力では，子育てをすることは困難である．保護者は，自分の家族，友人，知人，地域の人々とのつながり，そして，保育士を含めた専門職の力を借りながら，自分らしい子育てを試行錯誤しながら探求していく存在だといえる．したがって，子育ての主人公は保護者である．それは子育てをすることによって，保護者として育っていく，成長していくということを意味している．保護者が子育てをしていく上では，たとえば「子どもが寝ない」「夜泣きする」「離乳食が進まない」といった日常的な子育ての問題や悩みから，「発達上，何らかの問題があるかもしれない」「アレルギーの問題がある」といった専門職の手を借りるようなものまで，大小さまざまな問題や悩みが生まれる．保護者に生まれる子育ての問題や悩みに対して，保護者が，保護者の持つ秘められた力を十分に表に出していくことができるようにするためには，「何らかの支援」が必要となる．この「何らかの支援」の中には，保護者の持つ潜在的な力を引き出す支援もあれば，また，一方で保護者の持つ潜在的な力を封

じ込める支援もあるということを理解しておく必要がある．すなわち，表面的に，一時的に，保護者にとって「役に立つ支援」であっても，その支援が必ずしも，保護者の力を引き出すような支援につながらない場合もあるということを知っておくことが肝要なのである．

　たとえば，保護者が「一方的に」支援されることによって，保護者の秘められた力の表出は制限されることになる．なぜなら，保護者は，その力を表に出さなくとも，支援者によって，表面的には問題解決がなされてしまうためである．

　また，支援者が「指示的に」「指導的に」保護者に関わろうとするならば，保護者の主体性は奪われるだろう．支援者には，「ともに子育ての問題や悩みを考えていこう」という姿勢が求められる．保護者は，子育ての問題を孤立無援の状態で，一人で解決しなければならない状態や境遇に困難を感じるのであって，専門職を含む豊かな人間関係の支えがあれば，子育ての問題や悩みと向きあい，なおかつ，それを乗り越えていこうとする意欲も生まれてくる．

　保育士を含む専門職が注意しなければならないのは，「支援者が問題解決してあげる」という態度・姿勢を回避することである．こうした態度・姿勢は，保護者が潜在的に持つ力をそぎ落とすことにつながる．保護者が力をつけていくためには，どのような支援をすることがよいのかを，状況に応じて判断していくことが支援者には求められる．

2　保育士が保護者を支援することの難しさ

　読者の皆さんの多くは，保育士資格を取得するために，専門的な知識と技術を習得している段階にあるだろう．保育士という道を選んだ理由としては，「子どもと関わるのが好きだから」という人が多いだろう．「子育て支援をしたいから」という理由で保育士資格取得を目指す人は，自分自身に既に子育ての経験があるといった，社会人学生にみられるかもしれない．保育士養成課程では子どもの成長・発達に関する知識・技術に関する学習は多い．しか

し，「大人である保護者」の成長・発達に関する知識・技術は，保育学の領域だけでは必ずしも十分にカバーしきれず，社会教育学や成人学習論の領域の知見も必要となってくる．

　その中で最も重要視されることは，「大人である保護者」に対して，その人の尊厳を尊重し，その人らしさに敬意を持つことである．大人は，これまで生きてきた経験とそれによって育まれた誇りと固有の価値観を持つ．誰しも，自分の人格を否定されるような言動には傷つくだろう．たとえ口にはせずとも，「保護者なのにそんなこともできないの？」というようなまなざしや批判的な対応は，保護者として「頑張ろう」という意欲そのものの喪失にもつながる．保護者は，「ちゃんとしなければ」「いい親でいなければ」等のプレッシャーの中で，子育てをしているということを，支援者は理解する必要がある．

　子どもの成長・発達を度外視した生活習慣を持つ保護者や，子どもの独自のニーズを理解していない保護者に対して，子どもの成長・発達段階に即した生活の必要性を訴えたとしても，話がかみ合わないだけかもしれない．「保護者に話が通じない」と保護者を責めても，子どもの幸せにはつながらない．保護者との信頼関係を丁寧に構築していく中で，「わかってはいるが，実際にはそうできない」と悩んでいる保護者もいることがわかる場合もある．たとえ，子どもの最善の利益を優先していないようにみえる保護者であっても，「よい保護者でありたい」と願うことも事実であると受け止める必要がある．

　保護者の「よりよく生きよう」とする意欲を高めるには，その人なりの価値観を尊重すること，保護者としてだけではなく，一人の尊厳ある人間として尊重されているという感覚を取り戻すことが重要であると考えられる．

第2節　「孤立した子育て」から「支えあいの子育て」への実現

　小出まみは，子育て中の保護者には，①当事者の仲間づくり，育児サーク

図5-1　子育てにおける5つの連帯

連帯Ⅴ＝専門職、施設、制度との連帯	・制度、施策を使いこなし、なければ行政・政府に提案する。
連帯Ⅳ＝先輩親、地域住民、ボランティアとの連帯	・地域の住民と支えあう
連帯Ⅲ＝子育て中の親同士の連帯	・子育て中の親同士が支えあう
連帯Ⅱ＝個別家庭内でのパートナーとの連帯	・家庭でパートナーと協力し、支えあう。
連帯Ⅰ＝自分自身との連帯＝自己肯定感、自尊心	・自分自身を価値のある、尊厳ある存在として扱う。

(出所：榊ひとみ「子育て問題研究の展開と課題」『社会教育研究』第30号，2012年，p. 23)

ル，自助グループ，②見守り，手を貸すボランティア，先輩の存在，③子ど
もを育てやすい環境，制度，地域社会に作りかえる，の「3つのレベル」[1]の
支えあいが必要であるとしている．小出の「3つのレベル」に加え，保護者
自身の自己肯定感の低さの問題と，個別家庭内でパートナーと子育てを分か
ち合えない問題を含め，孤立した子育てを，「子育てにおける5つの連帯」
の欠如[2]として捉え直したものが，図5-1である．

　「子育てにおける5つの連帯」とは，①子育てをする自分自身を価値のあ
る，尊厳ある存在として扱い，自分自身の力を信頼し，自尊心を持ち，自己
肯定感を回復させること（自分自身との連帯＝連帯Ⅰ），②個別家庭内でパー
トナーと協力し，支えあうこと（個別家庭内でのパートナーとの連帯＝連帯Ⅱ），
③子育て中の親同士が支えあうこと（子育て中の親同士の連帯＝連帯Ⅲ），④
地域の住民と支えあうこと（先輩親，地域住民，ボランティアとの連帯＝連帯
Ⅳ），⑤制度，施策を使いこなし，なければ行政・政府に提案すること（専
門職，施設，制度との連帯＝連帯Ⅴ）の5つである．

　子育て中の保護者が，保護者としての力を十分に発揮するためには，上に
掲げた5つの連帯が必要である．専門職である保育士の支援は，「専門職，
支援，制度との連帯」に位置づけられるが，保護者を直接支援することのみ
が支援のすべてではない．保護者が，個別家庭内におけるパートナーとの人
間関係，地域社会における多様な人々との人間関係に，折り合いをつけつつ，

「自分自身」とも折り合いをつけながら，その人らしい子育てを行うことができるよう，「人間関係の場を作る」等の「場作り支援」も，重要な支援の一つであることに留意しておきたい.

第3節　「場作り支援」の要点

前節では，「孤立した子育て」を「子育てにおける5つの連帯」の欠如として捉え，子育てにおける支えあいが可能となるような地域社会の枠組みを提示した．また，支援の方法については，保護者への直接支援だけではなく，「場作り支援」の重要性についてふれた．本節では，「場作り支援」の要点についてみていく.

1　保護者が本音や弱音を語れることの重要性

「場作り支援」の一つ目の要点は，保護者が本音や弱音を語れる場や状況を作ることである．特に，一人目の子どもを育てている保護者にとっては，初めて経験することも多く，そこには，緊張や不安が伴う．また，パートナーが仕事で忙しい，出張が多い，保護者自身の実家やパートナーの家族からの援助を受けることもままならない，子どもを保育所に通わせていない等の条件が重なると，保護者は孤立無援の状況で，子育てをせざるを得ない.

そうした状況において，保護者が平日の日中に利用できる場として，地域子育て支援拠点や保育所に併設されている子育て支援センターなどがある．しかし，拠点やセンターによっては，既に人間関係やグループの輪ができ上がっている場合もあり，初めて拠点やセンターに参加する保護者にとっては，そこに行くことそのものが非常に勇気のいる場合もあるということを，心に留めておく必要がある.

地域子育て支援拠点や子育て支援センターに勇気を出して来所した保護者に対しては，まずは，子どもを連れてこの場に来たことに対して，ねぎらいの言葉をかけ，保護者の緊張感をほぐすよう心がけたい．初めて来所した保

護者も，その場が保護者にとって，居心地のよい場所であれば，二度三度と足を運ぶが，もし誰とも打ち解けることができず，より孤立感や疎外感を深めて帰宅するなら，その保護者は，次はその場を訪れないかもしれない．したがって，初回の来所では，保護者との距離感をはかりつつ，保護者の緊張や不安を和らげるような言葉がけ，安心を感じられるような場の雰囲気づくりが重要になる．子育て支援の場に対して，信頼を持ってもらえるようになると，次第に，保護者が，日々の子育てで困っていること，どうしてよいかわからないことなど，保護者の本当の気持ちを語れるようになる．または，さまざまな条件が重なり，つい子どもを強い口調で叱ったり，場合によっては，体罰をしてしまったりするなど，保護者自身も「してはいけないこと」とわかっているのに，してしまうことについて，語り出す場合もある．

　子どもの発達・成長を代弁する視点から，支援者は「そうした子育ては子どもの発達にとってよくない」と，保護者に指導や助言をする場面があるかもしれない．しかし，その指導や助言が，批判の言葉や叱責の言葉であるときには，保護者の自己肯定感は低下するだろう．支援者に言われなくとも，そうした子育てがよくないことは，十分に理解している保護者もいるということを心に留めておきたい．保護者の中には，支援者の指導や助言通りに，子育てができないことで，罪悪感にさいなまれる者もいる．支援者の一般的な指導や助言が，時と場合によっては，保護者の苦悩を深め，保護者の自己肯定感を低下させてしまう場合があるということを理解しておく必要がある．

　上記のような直接支援の限界を踏まえると，有効な手立てとして，保護者たちが，子育てをしていく中で生じる悩みや葛藤を語れる場を作るということが考えられる．ここでは支援者は，保護者同士が本音や弱音を安心して語れる場を作るという間接支援を行うことになる．そのためには，一人ひとりの保護者が，尊厳をもった人間として尊重され，自分の話をじっくりと聞いてもらえたという実感が必要になる．ひととき，保護者たちは，子どもから離れ，子どもを別の支援者にみてもらいながら，子育ての悩みや葛藤を語る．互いに悩みや葛藤を語る中で，保護者たちは，「悩んでいるのは自分だけで

はなかった」ということに気づく. そのことで, 日々, 孤立無援で子育てをしている自分自身にも「仲間がいる」という安心感が芽生えていく. 保護者たちが不安や緊張から解放され, 自分自身への信頼が回復されるとき, 本来, 保護者が持っている潜在的な力が表出できるようになるだろう.

2 保護者が活躍できること

「場作り支援」の二つ目の要点は, 保護者自身が活躍できる場を提供することである. 地域子育て支援拠点や, 子育て支援センターに来所する保護者たちを, 「支援の対象」とするのではなく, 「その日の活動をともに作っていくメンバー」と捉えると, 保護者たちの持てる力を引き出しやすい. たとえば, 「近所のお散歩マップ」を保護者とともに作成する活動を提案したり, 保護者が企画・立案したイベントや活動を一緒に行ったり, テーマそのものの立案も, 保護者の困りごとや願いをベースにしたものにすると, 保護者たちの願いや思いが叶う活動として, 賛同が得られやすい. そうした活動が実を結ぶことで, 他の保護者や地域社会に役立っているという, 保護者自身の自己有用感が高まり, 保護者の自己肯定感の向上につながると考えられる.

3 地域社会の多様な人々と出会える場

「場作り支援」の三つ目の要点は, 地域社会の多様な人々と出会える場を作ることである. 一般的な地域子育て支援拠点や子育て支援センターでは, 就学前の子どもとその保護者の利用が想定されており, 必ずしも地域住民が気軽に集える場所とはなっていない. 一般的な地域子育て支援拠点や子育て支援センターの役割と機能は, 乳幼児とその保護者に特化されているといえるが, 拠点の中には, 赤ちゃんからお年寄りまで, 障害のある人もない人も分け隔てなく, 誰もが気軽に集うことができる地域の多世代交流型のひろば[3]もある. 参加者を, 乳幼児とその保護者に特化しないため, さまざまな世代の地域住民が集う. そのため, 保護者同士の同調圧力も和らげられ, 場そのものが緩んでいく. 人々の多様性が受容され, 参加する人々にとって

「心の拠りどころ」となる地域の居場所を，保護者や地域住民が，支援者とともに作っていく中で，「支えあいの子育て」を実現させていく力が，保護者や地域住民の中に培われていくだろう．

注
　1）小出まみ「いまどきの子育ての楽しみ方・ささえ方」『教育情報青森』No. 103，青森県国民研究所，2000年，pp. 36-38
　2）榊ひとみ「子育て問題研究の展開と課題」『社会教育研究』第30号，北海道大学大学院教育学研究院社会教育研究室，2012年，pp. 22-23
　3）札幌市南区にある「むくどりホーム」，札幌市豊平区にある「ねっこぼっこのいえ」など．「むくどりホーム」「ねっこぼっこのいえ」は，平成23（2011）年10月より札幌市の地域子育て支援拠点となっている．

参考文献
小出まみ「いまどきの子育ての楽しみ方・ささえ方」『教育情報青森』No.103，青森県国民研究所，2000年
小出まみ『地域から生まれる支えあいの子育て──ふらっと子連れで drop-in!』ひとなる書房，1999年
榊ひとみ「子育て問題研究の展開と課題」『社会教育研究』第30号，北海道大学大学院教育学研究院社会教育研究室，2012年
榊ひとみ「地域子育て支援拠点における学習と連帯」『教育学の研究と実践』第8号，北海道教育学会編，2013年
古川孝順・岩崎晋也・稲沢公一・児島亜紀子『援助するということ──社会福祉実践を支える価値規範を問う』有斐閣，2002年
パウロ・フレイレ，三砂ちづる訳『新訳　被抑圧者の教育学』亜紀書房，2011年

第6章　保育士に求められる基本的態度

第1節　保育士に求められる関わり

1　保育士の業務

　保育士は「0〜18歳までの子どもの保育とその保護者への支援を行う専門職」ということが，「児童福祉法」で示されている．保育士の業務は大きく分けて，「子どもの保育」と「保護者への支援」の二つといえる.

（1）　子どもの保育

　「保育所保育指針」（平成29年告示）では，前回の改訂を引継ぎ，保育を「養護と教育を一体的に行うこと」としている．そして，養護は「子どもの生命の保持及び情緒の安定を図るために保育士等が行う援助や関わり」，教育は「子どもが健やかに成長し，その活動がより豊かに展開されるための発達の援助」と明記されている．保育の目標として「保育所の保育は，子どもが現在を最も良く生き，望ましい未来をつくり出す力の基礎を培うために，（中略）行わなければならない.」としている.

（2）　保護者の支援

　「保育所保育指針」では，保護者の支援について「保育所は，入所する子どもの保護者に対し，その意向を受け止め，子どもと保護者の安定した関係に配慮し，保育所の特性や保育士等の専門性を生かして，その援助に当たらなければならない.」と記されている.

これらからわかることは，保育士の業務は「保育という行為を通して，子どもや保護者と保育士等が良好な関係性を構築し，子どもの最善の利益の尊重につなげること（橋本・直島，2012[1]）」であるといえるだろう．

2　保育士の関わりの原則

保育士の関わりの原則について考えていくときに影響をあたえるものとして，高山静子[2]は，次の3点をあげている．

①人間観…人間をどのような存在ととらえるかであり，相手によって「子ども観」「保護者観」などと置き換えられるものである．

②支援観…支援の目的・目標や役割をどのようにとらえているかである．

③価値観…プロセスでどのようなことを大切に考えているかである．

たとえば，子どもの自己決定を大切に保育している保育士は保護者にも，同僚にも同様の対応をするというものである．

次に，保育者の関わりの三層構造についても触れている（高山，2019[3]）．

(1)　どの職種にも共通する姿勢と態度

OECDのDECECO（デセコ）研究プロジェクトで明らかになった，キー・コンピテンシーにあたる．具体的には次の3点である．

①自律的に活動する

目標を立てて自律的に活動できる人である．

②異質な集団で交流する

価値観や考えの違う人とも一緒に仕事を進められる人である．

③相互作用的に道具を用いる

知識や技術といった道具をコミュニュケーションとして用い，相手や状況に合わせて柔軟に行動できる人である．

(2)　専門職の倫理に基づく姿勢と態度

社会福祉士，看護師等の倫理綱領に示されている内容を踏まえた上で，次

の 3 つの専門職としての姿勢と態度に触れている.

　①事実と根拠（専門知識）に基づいて判断し行動すること

　②公正であり専門職倫理に基づいて専門的な関係をもつこと

　③人権侵害を行わないこと

（3）　保育者としての姿勢と態度

　自己決定理論に基づいて，保育者としての姿勢と態度として次の 3 点をあげている.

　①自律性（自分でできる，自分で行動が選べること）を支える姿勢

　（態度）相手を信じる／相手に期待を寄せる／未来を志向する／成長する存在としてとらえる／自分で選び，決め，行動できるようにする

　②有能感（うまくできるという感覚や自信）を支える姿勢

　（態度）相手を信じる／協働する／エンパワトメント（相手の力量の獲得と発揮）を促す／承認欲求（肯定されたいという欲求）に応える／応答的に関わる／待つ，見守る

　③関係性（大切にされている感情，他者とつながっている感覚）を支える姿勢

　（態度）肯定的な表情，姿勢，言葉を使う／相手を受容，共感する／相手の感情や考え，能力や価値観をくみ取ろうとする／つながりを支える

　以上のことを踏まえて，保育士としての子どもの保育と保護者の子育ての支援に必要な「保育士としての基本的な態度」を「保育所保育指針」および解説書の記載を参考にしつつ，次の 3 点から，説明する.

　・受容的な関わり（第 2 節）

　・自己決定の尊重（第 3 節）

　・秘密保持および法令順守等（第 4 節）

第2節　受容的な関わり

1　子どもの保育における留意点

　「保育所保育指針」から，子どもの保育において，養護の部分では安心感・安全感の基礎となる「受容的・応答的な関わり」が，教育の部分では，子どもの主体的な学びにつながる「自己決定の尊重」が，大切であることがうかがえる．

　『保育所保育指針解説』（平成30年2月）では，養護の部分の説明において，「子どもの欲求，思いや願いを敏感に察知し，その時々の状況や経緯を捉えながら，時にはあるがままを温かく受け止め，共感し，また時には励ますなど，子どもと受容的・応答的に関わることで，子どもは信頼感や安心感を得ていく」と述べられている．

　ここから読み取れることは，「子どもの欲求，思いや願い」に応えながら，「子どものあるがまま」を受け止めることが，受容的・応答的な関わりといえる．受容的・応答的な関わりは，子どもが自ら発信したことに対し，周りの大人はきちんと受け止めてくれ，それに応えてくれる存在であると思えることで「信頼感や安心感」につながる．同時に，そのような自分は，周りから大切にされる価値ある存在と思え，「自己肯定感」が育まれるといえる．

2　保護者の子育て支援における留意点

　『保育所保育指針解説』（平成30年2月）によれば，保護者に対する基本的な態度の中に「受容的な関わり」について次のように記されている．

　　一人一人の保護者を尊重しつつ，ありのままを受け止める受容的態度が求められる．受容とは，不適切と思われる行動等を無条件に肯定することではなく，そのような行動も保護者を理解する手がかりとする姿勢を保ち，

援助を目的として敬意をもってより深く保護者を理解することである

　保護者の不適切な行動等は改める必要があるものであるが，その前段階として，不適切な行動等をとらざるを得ない保護者の気持ちを受け止めることが支援のスタートでは大切である．「保護者のあるがまま」を受け止め，受容的に関わっていくことは，保護者の「信頼感や安心感」につながり支援がスムーズにいくことにつながる．また，これらは同時に，保育士の「保護者理解」にもつながるものといえるだろう．

第3節　自己決定の尊重

1　養護と教育を一体的に行う子どもの保育

　『保育所保育指針解説』（平成30年2月）では，養護の部分において，教育についても触れている．そこでは，乳幼児期の教育について，「安心して自分の思いや力を発揮できる環境（養護の部分）の下で，子どもが遊びなど自発的な活動を通して，体験的に様々な学びを積み重ねていくこと（教育の部分）」（＊（　）内は筆者）と述べている．子どもの自発的な学びを実現していくためには，養護の部分（保育士の働きかけ）がとても大切であり，そのもとでなされる自発的な活動が重要であるといえる．「自発的な活動」は，子どもが「自己決定」を保障された環境でこそ，実現するものであり，子どもの自律とも大きく関係しているものといえるだろう．

2　安全感の輪

　ここではアタッチメント（愛着）をわかりやすく図にした「安全感の輪」（図6-1）の考え方に基づいて説明する．アタッチメントとは「子どもが怖くて不安でしかたがないというネガティブな感情を，特定の大人とくっつくことで調節していくこと」とされている（遠藤，2017[4]）．

図6-1 安全感の輪

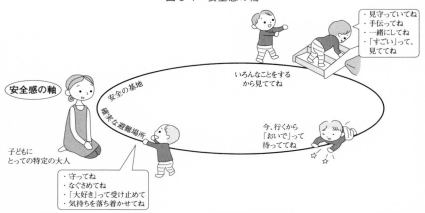

（出所：遠藤利彦『赤ちゃんの発達とアタッチメント―乳児保育で大切にしたいこと』ひとなる書房，2017年，pp.70-71）

図6-1では左端にいるのが，子どもにとっての特定の大人（養育者）である．お家のお母さん，お父さんだけでなく，保育所の特定の保育士であることもある．子どもは養育者である「安全の基地」を飛び出して，好奇心にかられながら，自分がしたいことを自分で決めて行動する（自己決定）．ここでさまざまな体験をすることで，いろいろなことを学んでいく（教育）．しかし，うまくいかないこともある．転んで痛い思いをしたり，振り返って誰もいなくて不安になったりする．そんなときに，自分の不安や恐怖などのネガティブな気持ちを受け止めてくれる「確実な避難所」としての養育者が重要である．ここに避難し，気持ちの充電をすることで，また子どもの外へ飛び出していく力が生まれるのである．

3 自律を支える自己決定の尊重

子どもの発達において重要であるとされる「自律」とは，この安全感の輪が大きくなることであるといえるだろう．成長して大人になってもこの基地や避難所が消えてよいわけではない．基地の対象者は変わるが，「あの人だけは自分を見捨てないだろう」と見通しがもてるからこそ，日常生活を自律

的に，身体的にも，心理的にも，社会的にも健康で文化的な生活を安定して
送れるのである．子ども同様に，保護者を支援する上でも，この点はしっか
りおさえ，状況によっては，保護者にとっての基地や避難所に保育士がなる
ことや基地や避難所を一緒に探すことも必要な支援である．「自己決定」は
「自己肯定感」が基礎にあるからできるものでもある．一方で，自己決定を
尊重されるからこそ「自己肯定感」が育まれるともいえる．いずれにしても，
子どもの自律において，自己決定はとても重要なものであり，十分な尊重が
大切であるといえる．言葉で要求を伝えてもらうことはもちろんのこと，言
葉で要求を伝えることが難しい年齢や発達状況，精神状態などの子どもであ
っても選択肢を与え自ら選んでもらうこと等を心がけることも自己決定の尊
重につながることを忘れてはいけない．これらが，子どもの「安心感や安全
感」となり，「自己肯定感」が育まれ，やがて「自律」につながるともいえ
るだろう．

　これらの子どもの発達に関する知識・技術を保護者に保育士が伝えていく
ことも専門的な子育て支援の一つである．自らが実践することを通してモデ
ルとなり伝えていくことも大切である．ただし，その際も保護者の自己決定
は最大限に尊重されなければならない．『保育所保育指針解説』には保護者
の「自己決定の尊重」について「援助の過程においては，保育士等は保護者
自らが選択，決定していくことを支援することが大切である．」と記されて
いることからもその重要性が確認できるだろう．保護者の自己決定を尊重し
てくれる保育士は，保護者から信頼され，保護者にとっての基地や避難所と
なれる可能性は高い．保護者の自律的な子育てのために，自己決定の尊重は
重要なことであるといえるだろう．

第4節　秘密保持および法令順守等

1　秘密の保持

「児童福祉法」には次のような「秘密保持義務」が規定されている.

　（第18条の22）保育士は，正当な理由がなく，その業務に関して知り得た人の秘密を漏らしてはならない. 保育士でなくなった後においても，同様とする.

　ここで重要な点は2つある. 一つ目は「秘密は漏らしてはいけないこと」，二つ目は「保育士でなくなったあともそれは続くこと」である. これらは，かなり厳しいことのように思われるが，『保育所保育指針解説』には保護者の子育て支援の自己決定の尊重の前提として「安心して話をすることができる状態が保障されていること，プライバシーの保護や守秘義務が前提となる.」と記されている. 子どもおよびその保護者等が安心して，相談できるためにはとても重要なことであるといえるだろう.

2　法令順守等

「児童福祉法」では「信用失墜行為の禁止」についても次のように規定されている.

　（第18条の21）保育士は，保育士の信用を傷つけるような行為をしてはならない.

　信用失墜行為の例として一番わかりやすいのは，法令違反である. このような信用失墜行為が禁止されている理由は2つある. 一つ目は「相談してき

た人（子ども，保護者等）を守ること」二つ目は「同業者である保育士を守ること」である．保育士は法令等を順守することで，他者の権利を守っていくことが専門家としての義務であると強く認識する必要がある．「全国保育士会倫理綱領」は保育士として守らなくてはならないことが示されていると同時に，これらに則り職務を遂行することで，保育士自身が不利な状況に立たされた際に守ってくれるものでもあることも知っておきたい．

注

1）橋本好市・直島正樹編著『保育実践に求められるソーシャルワーク──子どもと保護者のための相談援助・保育相談支援』ミネルヴァ書房，2012年，p. 77.

2）高山静子『保育者の関わりの理論と実践──教育と福祉の専門職として』エイデル研究所，2019年，p. 18

3）同上，pp. 27-32

4）遠藤利彦『赤ちゃんの発達とアタッチメント──乳児保育で大切にしたいこと』ひとなる書房，2017年，p. 63

参考文献

遠藤利彦『赤ちゃんの発達とアタッチメント──乳児保育で大切にしたいこと』ひとなる書房，2017年

厚生労働省『保育所保育指針解説』フレーベル館，2018年

汐見稔幸『ここが変わった！　平成29年告示保育所保育指針まるわかりガイド』チャイルド社，2017年

高山静子『保育者の関わりの理論と実践──教育と福祉の専門職として』エイデル研究所，2019年

橋本好市・直島正樹編著『保育実践に求められるソーシャルワーク──子どもと保護者のための相談援助・保育相談支援』ミネルヴァ書房，2012年

第7章　家庭の状況に応じた支援

第1節　さまざまな家庭への理解

現行の「保育所保育指針」第1章総則では，次のように述べられている．

1　保育所保育に関する基本原則

　(3)　保育の方法

　　カ　一人一人の保護者の状況やその意向を理解，受容し，それぞれ
　　の親子関係や家庭生活等に配慮しながら，様々な機会をとらえ，適
　　切に援助すること．

「一人一人の保護者の状況」と記されているが，実際にどのような家庭の
状況があるのだろうか．ここでは，さまざまな家庭への理解を深めるととも
に，保育士としての支援のあり方を考えていくことにする．

1　親と子が離れて暮らす家庭

(1)　単身赴任家庭

父親か母親のどちらかが遠方に勤務するため，家族の住まいから離れて暮
らす家庭がある．そのような単身赴任家庭には，育児負担がどちらか一方の
保護者に偏ることや，親子ともに寂しい思いをしていることに対する理解が
必要となる．

(2)　ひとり親家庭

　父親と子どもからなる家庭を父子家庭，母親と子どもからなる家庭を母子家庭といい，それらを総称して「ひとり親家庭」という．ひとり親家庭に至る経緯は，離婚，死別，婚姻関係を結ばないまま出産など，さまざまである．

　この家庭では，保護者の長時間労働によって子どもの生活が不規則になることや，親子で過ごす時間を確保しづらいことが考えられる．また，経済的不安や孤立感，子どもに対する罪悪感をかかえて心身ともに追い詰められている保護者も少なくない．保護者のこのような張り詰めた気持ちが少しでも和らぐように，保育士が「困ったことがあったらいつでも話してくださいね．」という受容姿勢や，「一緒に子育てをしていきましょうね．」という協働姿勢を示していくことが重要である．

(3)　ステップファミリー

　ステップファミリーとは，夫婦の一方または双方が子どもを連れて再婚した家庭のことである．

　この家庭の子どもは，引っ越しや転所（園）による生活環境の変化や，新しい家族の受け入れによるストレスをかかえることになるかもしれない．保育士はこのような不安定な心理状態の理解に努め，乱暴な振る舞いや過剰な甘えなど気になる行動が表れたとしても，その子をまるごと受け止めることが大切である．さらに，保育の場がその子にとって大切な居場所となるように努めたいものである．

　また，保護者は新しい家庭のスタートに期待をもちながらも，複雑な思いもかかえていると考えられる．保育士には，子どもの支援だけではなく，新しい家庭をゆっくりと築いていくステップファミリー全体を見守る支援が求められている．

(4)　社会的養護の対象となる家庭

　さまざまな理由で両親や家族と一緒に暮らすことができない子どもを社会

が支える仕組みがあり，これを「社会的養護」と呼ぶ．

　その中の「家庭養護」として，里親制度のもとにつくられた家庭がある．この家庭は，血縁関係のない親子であることを子どもや周りに知らせるかどうか，血縁上の親との関係をどのようにしていくのかなどの課題をかかえているため，保育士が里親の意向を尊重しながら支援を進めていくことが重要である．

　他方の「施設養護」としては，乳児院や児童養護施設などで暮らす子どもがいる．この家庭の中には，子どもを入所させることに納得できない保護者や，子どもの帰宅や面会を拒絶する保護者もおり，時間をかけた支援が必要になる場合もある．

2　養育が困難な家庭

（1）　貧困家庭

　経済的な問題をかかえている家庭の子どもは，生活や学習，医療などの面で不利な状況に置かれている．しかしながら，外からはそのことがみえづらい家庭もある．たとえば，1日3食を満足に食べることができていない家庭であっても，母親の整えられた身なりの様子からはそのことが感じられなかったり，部活動のシューズを買えずに悩んでいる中学生であっても，高価な携帯電話を持っていたりする．保育士には，このような家庭が隠れていることやその子どもがストレスや無力感を蓄積させていることへの理解と支援が求められている．

（2）　虐待やDVをかかえる家庭

　現在，「子どもの育て方がわからない」「親としての自分を肯定的にとらえることができない」などの育児不安をかかえる保護者が増加傾向にある．これには，少子化，情報化，都市化，核家族化，格差社会化，人間関係の希薄化，経済不安，女性の社会進出，子育ての孤立など，さまざまな要因が絡み合っていると考えられる．そしてこの育児不安が虐待に発展するケースが

多々みられており，大きな問題となっている．

　保育士は，虐待やＤＶ（ドメスティック・バイオレンス：配偶者や恋人など親密な関係にある者からの暴力）が存在する可能性に気づいたら，直ちに所（園）内で事実確認をし，関係機関へ報告しなければならない．事態が進むと，保護者が正確な判断力を失ったり事態を隠そうとしたりすることが多くなるため，親子と日々接する保育士が早期に察知する役割は大きい．子どもだけでなく保護者を救うためにも，関係機関への速やかな情報発信は不可欠である．

（3）　親が障がいや病気をかかえる家庭

　この家庭においては，おたよりでは連絡内容が伝わりにくい，提出物などの忘れ物が多い，行事や保護者会活動への参加が困難であるなど，支援が必要となる場面が多々みられることだろう．保育士は，障がいや病気をかかえながらも一生懸命に子育てをしている保護者に寄り添うために，その家庭で大切にされている育児に対する考え方を知るとともに，そのような家庭を支援することにやりがいをもって臨みたいものである．

3　その他の困難さをかかえる家庭

（1）　子どもが障がいをかかえる家庭

　近年，障がいをもつ子どもの支援は量も内容も広がりをみせており，障がいに対する世間での理解も進みつつある．

　とはいえ，親がわが子の障がいを受け入れることは容易ではないため，保護者の葛藤に寄り添い，一緒に一喜一憂しながらその子の成長を見守る支援が必要である．さらに，周りの理解を促したり，地域の社会資源と連携したり，保護者が“障がいをもつ子どもの親”から解放されて過ごす時間を保障したりするなど，さまざまな角度からの支援も求められている．

　また，障がいをもつ子どもの兄弟姉妹は，大変そうな親の姿をみて自分は迷惑をかけないようにと振る舞ったり，他からの偏見の視線を感じたりすることがあるかもしれない．そのような兄弟姉妹の複雑な胸の内に寄り添い，

保育の場がその子にとって自己表現できる場となるように配慮することが重要である.

(2)　親が外国出身者の家庭

わが国は, 外国人の受け入れを拡大しながら多文化共生社会を目指しているが, その受け入れ体制はまだ十分に整っていない. 保育士は, 母国以外の国で子育てをすることがいかに大変なことであるかを想像し, この家庭がかかえている不安や困難さへの理解に努める必要がある. そして, 文化や価値観の違いを柔軟に受け入れる姿勢を心がけたい. そのようにしてつくりあげられた多文化共生の保育環境は, すべての子どもたちにとって豊かな経験の場となるであろう.

(3)　被災者家庭・被害者家庭

2011 (平成 23) 年の東日本大震災, 2014 (平成 26) 年の御嶽山噴火, 2016 (平成 28) 年の熊本地震, 2018 (平成 30) 年の西日本豪雨などが, 記憶に新しい災害として挙げられるが, これら以外にも自然災害は頻繁に起きている. また, 悲惨な事故や事件も後を絶たない.

この被災・被害者家庭は, 一瞬にして家族や知り合いの命を奪われたり, 今まで築き上げてきた生活を失ったりする中で, 喪失感や無力感, 罪悪感に襲われるという. 当人にしかわからない苦悩ゆえに他人が理解することは困難であると思われるが, それでも保育の場がそのような家庭の親子にとって, 少しでも安心できる場所になれるように, 小さな支援を積み重ねていくことが大切であると考えられる.

この他にも, 祖父母と同居家庭, 共働き家庭, 母親が出産を控えた家庭などがあり, それぞれの家庭の状況によって必要な支援は異なる. 保育士は, 保護者だけではなく, 家族全体をとらえてその家庭への理解に努めていかなければならない.

第2節　家庭支援の実際

ここでは，事例をもとにさまざまな家庭に対する子育て支援の実際を学ぶ．

〔事例1〕　父親参観

　登園時，K男の母親が保育士に次のように話してきた．

「先生，うちの主人がこの前の父親参観の後から変わりました．今まででうちの主人は，子どもとの関わり方がわからないのか，自分からKと遊ぶことはありませんでした．でも，あの参観で，他のお父さんが子どもと関わっている姿をみて，関わり方がわかったみたいです．二人で体を使った遊びをするようになり，Kもとても嬉しそうです．先生，良い機会をありがとうございました．」

　この保育士は，父親が園に来る機会をつくり，親子の触れ合い遊びや父親同士の交流会を実施することで，父親の育児参加を促した．この事例のように，間接的なエンパワーメント（その人がもっている力を引き出し，自らの力を発揮して行動できるようにする支援）は，直接的な指導よりも成果を生むことが多いと考えられる．つまり，"保護者が子育てを楽しむことができる"ようになるための支援の工夫が重要なのである．

〔事例2〕　家庭と小学校の橋渡し

　年長児T男は，感情のコントロールが苦手で思いどおりにならないことがあると，保育所でも家庭でも暴言を吐くことがある．そのようなT男の姿から，母親は就学に向けて心配を募らせていた．

　そこで保育士は，T男が入学する予定の小学校の教員と保護者と保育

士の三者面談を設定し，保護者には両親揃っての参加を呼びかけた．また，事前に園でのエピソードやT男の特徴をまとめた資料を作成し，母親とその内容を共有した上で当日持参した．

　面談では，父，母，小学校教員，保育士が情報を交流し，今後T男のためにどのようなことを大切にしていかなければならないかということについて，共通認識をもつことができた．

保育士がこのような機会を設けたことによって，保護者は心配な思いを小学校へ伝えることができ，小学校側も入学前に保護者との連携を始めることができた．このように，家庭と小学校の橋渡しをすることは，継続的な家庭支援を進める上で重要であり，保護者の安心感にもつながると考えられる．

〔事例3〕　相談支援

　H子の母親の表情が少し前から曇っていることに気がついた保育士は，「お母さん，体調大丈夫ですか？」と声をかけた．

　すると母親は，「先生，ちょっとお話を聞いてもらえますか？」と話し始めた．母親から，夫婦間では連日，離婚の話し合いがされており，母親自身が心身ともに疲れ果てていることが打ち明けられた．さらに，H子が家庭内の異変に気づき，母親の顔色をうかがう様子がみられることに悩んでいると伝えられた．保育士は，母親の心労を気遣う言葉をかけ，園ではH子の様子を今まで以上に注意してみながら，H子の心の健康を支援していくことを伝えた．

保育士には，子どもや保護者との日々の関わりの中で，家庭の状況を察知する機会が多々ある．そのことを活かすことで，家庭に寄り添った支援が可能となるのである．H子の母親は，話を聞いてもらえただけで気持ちが少し

楽になり，孤独感からも救われたのではないだろうか．

　保育士は，個人情報の保護に留意し，守秘義務があることを忘れてはいけない．その上で，保護者にとって身近で話しやすい存在として，各家庭に寄り添った支援が求められている．

第3節　保育士に求められる支援姿勢

　"普通の家庭"とか"普通でない家庭"ということではなく，10の家庭があれば10とおりの家庭の状況がある．保育士の価値観や一般的な概念にとらわれることなく，まずは各家庭の状況を理解しようと努めることから支援は始まる．そのときには，保護者自身の心身の健康を気遣い，保護者を一人の人として尊重する姿勢が大切になる．そうすることで，かかえている困難さを重症化させない予防的な役割も果たすことができるのである．

　一方では，子どもの育ちの視点も忘れてはならない．「その支援は子どもの最善の利益につながるのか」ということを常に頭において支援を考えるべきである．

　また，必要に応じて他機関へつないでいくことも重要である．支援は一時で完結するものではない．継続的な支援体制をつくるために，広い視野をもって柔軟に他機関と連携を図ることも，保育士に求められる姿勢である．

参考文献

大豆生田啓友『保護者支援の新ルール10の原則──ちょっとした言葉かけで変わる』メイト，2017年

寺島ヒロ『うちのでこぼこ兄妹──発達障害子育て絵日記』飛鳥新社，2019年

内山登紀夫・明石洋子・高山恵子編『（シリーズ・わたしの体験記）わが子は発達障害──心に響く33編の子育て物語』ミネルヴァ書房，2014年

丸山美和子『（保育と子育て21）子どもの発達と子育て・子育て支援』かもがわ出版，2003年

井村圭壯・今井慶宗『現代の保育と家庭支援論』学文社，2015年

第8章 地域の資源の活用と自治体・関係機関等との連携・協力

第1節 地域の社会資源の活用の必要性

　子育て家庭では子育てに関する心配や悩みが日々生じている．多くは家庭内の努力によって解決してよい関係を築いている．しかし，家庭内だけでは解決困難なことや，助言を得てより的確な解決に結びつけた方がよいこともある．複数の家庭において同様の心配や悩みがあるのであれば，それに対して利用可能なさまざまな社会資源が用意されなければならない．地域には思いのほか多種多様な社会資源が存在する．もしそれがなければ，利用可能な社会資源を作ったり，活用しやすい環境づくりをしていくことも必要となる．

　これら社会資源が必要とされるようになった背景として社会や家庭の変容があげられる．農林水産業中心の前近代社会では地域における関係性が強く，子育て家庭にも近隣をはじめ地域社会からさまざまな有形無形の支援が行われていた．同一地域に長く居住していることによって親子代々顔見知りであること，さらに近隣同士で血縁関係にある場合も少なくなかったことも影響していた．地域で行われるさまざまな支援が子育ての場面でも活用されていたのである．しかし，商工業・サービス業などを中心とする現代社会ではそれら関係性が徐々に希薄なものとなりつつある．それを補うためにコミュニティ内において支援のネットワークを構築しなければならない．その構築も自然に任せておくのではなく意図的な活動が必要となる．他方，これまで意識していなかった人・組織・ネットワークが子育てのための社会資源としてとらえ直されることもある．

　社会資源に関する一般的な定義としては「援助の行われる生活環境に実在

し，援助目標を達成するために活用できる制度的，物的，人的の各要素及び情報」であり「具体的には，制度，機関・組織，施設，設備，物品，金銭，公私の団体，個人の技能や知識，専門職やボランティアそして情報など」というものがある[1]．

　社会資源は，既存のものか新規に作られるべきものか，フォーマルなものかインフォーマルなものかで分類することができる．既存のフォーマルなものとしては社会福祉制度をはじめとする諸制度がある．それを活用することは最初に考えられるべきものである．しかしそれだけでは十分でないケースも少なくない．各種制度は需要ができたのちに整備されるという特性もある．そこでフォーマルなものがなければそれを新たに作り出すことも必要となる．しかし，フォーマルなものだけでは対応することが困難な事象もある．そのとき家族・親族，ボランティア，近隣住民等インフォーマルであるが社会資源として活用可能なものがあることにも気づくであろう．まったく異なる面で社会資源として存在していたものが子育て家庭の社会資源として発見されることもありうる．それらがどこにも存在しなければ支援者が作り出したり，社会や行政に対して，創設を働きかけることも必要となる．

　これら社会資源に関する情報はそれを必要としている家庭ないし保護者に十分行き届いているとは限らない．むしろ必要としているにも関わらず，情報の入手方法や入手した情報の活用方法がわからない場合が少なくない．そこで支援者が提示できる情報を多くもっていることやその活用方法を知っていることが必要となる．選択肢が多くあれば実際に活用できる可能性も高まる．ただし，支援者といえども地域の社会資源の情報を漏れなく入手することは現実的ではない．基本的な情報は常に有して更新していかなければならないが，必要としている家庭の状況に応じて情報を入手できるように人的なネットワークを築いておくことが大切である．

　子ども家庭支援において活用可能な制度，機関・組織，施設の例として表 8-1 のようなものがある．

　このように社会資源は子どもやその属する家庭だけではなく，各種団体の

表8-1　子ども家庭支援において活用可能な制度，機関・組織，施設

制度	子育て支援サービス，障害福祉サービス
組織・団体	ボランティア団体，子育てサークル，子ども会
施設	子どもが利用できる福祉施設，公民館・集会所・学校など地域住民が拠点とする施設

構成員や地域住民一般が利用可能なものと共通するものが多い．子ども家庭支援においては，そのまま利用可能なものもある一方，もとの機能に若干工夫を加えることによって利用可能となったり利用しやすくなるものもある．

　また，別の観点からはフォーマル・インフォーマルという分類が可能である．フォーマルな社会資源は法令・予算等の裏づけがある．しかしそこには一定の利用条件がある．インフォーマルな社会資源はフォーマルな社会資源に比べて柔軟性に富んでいるため使いやすい．ただし供給が安定しない傾向がある．

　子育て支援に関しては制度の整備の途上にあるといえる．社会資源の開発も重要である．地域福祉における子育てのための社会資源の開発はインフォーマルなものが少なくない．住民同士の支え合い活動，ボランティア団体等の組織活動もある．これらを活用しやすい形に整備していく必要がある．

　なお，社会資源の種別として営利・非営利により分けることもできる．行政や社会福祉法人のように公共性の強いものがある一方，営利組織もある．それ以外に，ＮＰＯ法人や互助的な協同組合の活動もある．

　これらが適切に役割を果たしつつ，支援を必要とする人の需要に応じて社会資源として提供されることが大切である．

第2節　自治体との連携・協力

　子ども家庭支援に関しては自治体と連携していくことが大切である．自治体は小規模なところであれば社会福祉に関する課や係（あるいはさらに小さい単位で）が子ども家庭支援も分掌している場合もあるが，やや大きくなれ

ば子ども・子育て支援の課や係が置かれることが少なくない．さらに次のような専門機関が置かれている自治体もある．

1　児童相談所

「児童福祉法」第 12 条第 1 項は「都道府県は，児童相談所を設置しなければならない」とし，同条第 2 項は児童相談所の業務を定める．たとえば，児童の福祉に関し，市町村の業務の実施に関し，市町村相互間の連絡調整，市町村に対する情報の提供，その他必要な援助を行うことおよびこれらに付随する業務を行うこと等が挙げられている．

児童相談所の運営については「児童相談所運営指針」があり，その第 1 章「児童相談所の概要」第 3 節「相談の種類とその対応」2「各種相談の対応の基本」の中に（4）「育成相談」の項目がある．そこではアからエまで規定されている．アでは「育成相談は性格行動，しつけ，適性，不登校等に関するものであり，子どもの生育歴，性格や欲求の状態，親子関係や近隣，所属集団等との関係が主として調査・診断・判定の対象となる」，イでは「適切な助言指導で終結することもあるが，担当教師，施設職員等関係者との適切な連携による援助を必要とする場合には，相互理解を深めるよう留意する」，ウでは「継続的な援助が必要な場合には，子ども，保護者等に対し，問題解決に対する動機付けを十分に行い，各種のソーシャルワーク，カウンセリング，心理療法等の技法による援助を行う」とそれぞれ規定している．

2　福祉事務所家庭児童相談室

福祉事務所は都道府県および市には必置であり，町村も任意設置であるが設置されているところも徐々に増加している．

福祉事務所に家庭児童相談室が置かれている場合がある．厚生事務次官通達「家庭児童相談室の設置運営について」（昭和 39 年 4 月 22 日発児第 92 号）による「家庭児童相談室設置運営要綱」第一「目的」によれば「家庭児童相談室は，家庭における適正な児童養育，その他家庭児童福祉の向上を図るた

め，福祉事務所の家庭児童福祉に関する相談指導業務を充実強化するために設ける」とされている．同第三では「家庭児童相談室においては，福祉事務所が行なう家庭児童福祉に関する業務のうち，専門的技術を必要とする業務を行なう」とされている．児童相談所が担当する相談内容に比し専門性が高くないものも多い．

3　保健所

「地域保健法」第6条によれば，保健所は「次に掲げる事項につき，企画，調整，指導及びこれらに必要な事業を行う」とされ，第1号では「地域保健に関する思想の普及及び向上に関する事項」，第8号では「母性及び乳幼児並びに老人の保健に関する事項」等が規定されている．

保健所の「児童福祉法」での業務内容は第12条の6に規定されている．第1項第1号では「児童の保健について，正しい衛生知識の普及を図ること」，第2号では「児童の健康相談に応じ，又は健康診査を行い，必要に応じ，保健指導を行うこと」，第3号では「身体に障害のある児童及び疾病により長期にわたり療養を必要とする児童の療育について，指導を行うこと」，第4号では「児童福祉施設に対し，栄養の改善その他衛生に関し，必要な助言を与えること」とされている．また，第2項では「児童相談所長は，相談に応じた児童，その保護者又は妊産婦について，保健所に対し，保健指導その他の必要な協力を求めることができる」と規定されている．

4　母子健康包括支援センター（子育て世代包括支援センター）

自治体には児童相談所・福祉事務所・保健所等多くの専門機関があり，専門職員を擁している．他方，子育て家庭を含め支援を必要としている人は相談したいことや悩みを一つだけ抱えているとは限らない．むしろさまざまなニーズを抱えその解決方策についても調整を必要としている．また，専門機関を複数訪れ事情を説明することにエネルギーを割くことが困難な場合もある．子育て家庭やその支援者に対するワンストップの総合相談窓口が求めら

れる.

　2016 (平成28) 年,「児童福祉法等の一部を改正する法律」によって「母子保健法」第22条が改正された.「母性並びに乳児及び幼児の健康の保持及び増進に関する包括的な支援を行うことを目的とする施設」として子育て世代包括支援センター (法律上の名称は母子健康包括支援センター) が規定された. 妊娠期から子育て期にわたる切れ目のない支援を行う機関である. 市町村は同センターを設置するように努めなければならない.「子育て世代包括支援センター業務ガイドライン」によれば, 子育て世代包括支援センターの役割として「妊産婦・乳幼児等へは, 母子保健分野と子育て支援分野の両面から支援が実施されている. 具体的には, 母子保健法に基づく母子保健事業, 子ども子育て支援法に基づく利用者支援事業, 児童福祉法に基づく子育て支援事業などである」とされている. 子育て世代包括支援センターが総合相談窓口となることが期待されている.

第3節　関係機関等との連携・協力

1　保育所

　「児童福祉法」第39条によれば「保育所は, 保育を必要とする乳児・幼児を日々保護者の下から通わせて保育を行うことを目的とする施設」である.

　保育所には通所している子どもたちが通ってくるほか, 一時保育など不定期で預かる子どももいる. 保育士は子どもと生活をともにするほか, 送迎時に子どもの保護者とも接する機会がある. そのとき保護者から子どもやその家庭について各般の相談を受けることも少なくない. あるいは, 通所している子ども以外の保護者以外の地域住民からも子育ての専門機関として相談を受けることがある. これら相談を通して関係機関と連携を保ちつつ家庭支援に協力していくことが求められる.

2　児童養護施設・乳児院

　児童養護施設は「保護者のない児童（略）虐待されている児童その他環境上養護を要する児童を入所させて，これを養護し，あわせて退所した者に対する相談その他の自立のための援助を行うことを目的とする施設」である（「児童福祉法」第41条）．乳児院は「乳児（保健上，安定した生活環境の確保その他の理由により特に必要のある場合には，幼児を含む.）を入院させて，これを養育し，あわせて退院した者について相談その他の援助を行うことを目的とする施設」である（「児童福祉法」第37条）．

　これら施設は保育所・幼稚園と異なり24時間職員が配置されている．通常の相談機関が対応しにくい深夜・早朝・休日等も相談に応じることができる．児童家庭支援センターはこれらに付置されていることが多い．

　また，厚生労働省雇用均等・児童家庭局長通知「子育て短期支援事業の実施について」（雇児発0529第14号平成26年5月29日［一部改正もあり］）による「子育て短期支援事業実施要綱」短期入所生活援助（ショートステイ）事業と夜間養護等（トワイライトステイ）事業が実施されている．短期入所生活援助（ショートステイ）事業は，「保護者が疾病，疲労その他の身体上若しくは精神上又は環境上の理由により家庭において児童を養育することが一時的に困難になった場合や経済的な理由により緊急一時的に母子を保護することが必要な場合等に実施施設において養育・保護を行うもの」で，対象者は，次に掲げる事由に該当する家庭の児童または母子等である．すなわち①児童の保護者の疾病，②育児疲れ，慢性疾患児の看病疲れ，育児不安など身体上又は精神上の事由，③出産，看護，事故，災害，失踪など家庭養育上の事由，④冠婚葬祭，転勤，出張や学校等の公的行事への参加など社会的な事由，⑤経済的問題等により緊急一時的に母子保護を必要とする場合である．養育・保護の期間は7日以内であるが必要最小限の範囲内でその期間を延長することができる．また，夜間養護等（トワイライトステイ）事業は，「保護者が，仕事その他の理由により平日の夜間又は休日に不在となり家庭において児童

を養育することが困難となった場合その他の緊急の場合において，その児童を実施施設において保護し，生活指導，食事の提供等を行うもの」である．この事業の対象者は，「保護者の仕事等の理由により，平日の夜間又は休日に不在となる家庭の児童」である．

3 児童家庭支援センター

「児童家庭支援センターの設置運営等について」（平成10年5月18日厚生省児童家庭局長児発第397号）の「児童家庭支援センター設置運営要綱」1「目的」によれば「児童家庭支援センターは，地域の児童の福祉に関する各般の問題につき，児童に関する家庭その他からの相談のうち，専門的な知識及び技術を必要とするものに応じ，必要な助言を行うとともに，市町村の求めに応じ，技術的助言その他必要な援助を行うほか，保護を要する児童又はその保護者に対する指導を行い，あわせて児童相談所，児童福祉施設等との連絡調整等を総合的に行い，地域の児童，家庭の福祉の向上を図ること」を目的としている．同4「事業内容等」では児童家庭支援センターが実施する事業として「地域・家庭からの相談に応ずる事業 地域の児童の福祉に関する各般の問題につき，児童に関する家庭その他からの相談のうち，専門的な知識及び技術を必要とするものに応じ，必要な助言を行う」とされている．

4 要保護児童対策地域協議会

「児童福祉法」第25条の2によれば，地方公共団体が設置するもので，「要保護児童（略）の適切な保護又は要支援児童若しくは特定妊婦への適切な支援を図るため，関係機関・関係団体及び児童の福祉に関連する職務に従事する者その他の関係者」により構成される組織である．

「要保護児童対策地域協議会設置・運営指針」の第1章「要保護児童対策地域協議会とは」2「要保護児童対策地域協議会の意義」では「地域協議会においては，地域の関係機関等が子どもやその家庭に関する情報や考え方を共有し，適切な連携の下で対応していくこととなるため」次のような利点が

あるとされている．すなわち① 要保護児童等を早期に発見することができる，②要保護児童等に対し，迅速に支援を開始することができる，③各関係機関等が連携を取り合うことで情報の共有化が図られる，④情報の共有化を通じて，それぞれの関係機関等の間で，それぞれの役割分担について共通の理解を得ることができる，⑤関係機関等の役割分担を通じて，それぞれの機関が責任をもって関わることのできる体制づくりができる，⑥情報の共有化を通じて，関係機関等が同一の認識の下に，役割分担しながら支援を行うため，支援を受ける家庭にとってより良い支援が受けられやすくなる，⑦関係機関等が分担をしあって個別の事例に関わることで，それぞれの機関の限界や大変さを分かち合うことができる．

5　利用者支援事業

　「利用者支援事業の実施について」（内閣府子ども・子育て本部統括官，文部科学省初等中等局長，厚生労働省雇用均等・児童家庭局長連名通知平成 27 年 5 月 21 日付け府子本第 83 号・27 文科初第 270 号・雇児発 0521 第 1 号）による「利用者支援事業実施要綱」によれば「一人一人の子どもが健やかに成長することができる地域社会の実現に寄与するため，子ども及びその保護者等，または妊娠している方がその選択に基づき，教育・保育・保健その他の子育て支援を円滑に利用できるよう，必要な支援を行うこと」を目的としている．事業の内容は「子ども・子育て支援法第 59 条第 1 号に基づき，子ども又はその保護者の身近な場所で，教育・保育・保健その他の子育て支援の情報提供及び必要に応じ相談・助言等を行うとともに，関係機関との連絡調整等を実施する」ことである．実施主体は，市町村（特別区及び一部事務組合を含む）であり，市町村が認めた者へ委託等を行うことができる．

6　家庭支援専門相談員（ファミリーソーシャルワーカー）

　厚生労働省雇用均等・児童家庭局長通知「家庭支援専門相談員，里親支援専門相談員，心理療法担当職員，個別対応職員，職業指導員及び医療的ケア

を担当する職員の配置について」（平成24年4月5日雇児発0405第11号）に
よれば，家庭支援専門相談員は児童養護施設，乳児院，情緒障害児短期治療
施設（現・児童心理治療施設）及び児童自立支援施設に配置される．業務内
容として，地域の子育て家庭に対する育児不安の解消のための相談援助，要
保護児童の状況の把握や情報交換を行うための協議会への参画，児童相談所
等関係機関との連絡・調整などが挙げられている．家庭支援専門相談員が配
置されている施設は入所型施設であり，休日・夜間・早朝の対応が可能であ
る．勤務等の都合で日中に相談に訪れることの困難な人も少なくない．平日
昼間以外に専門家の相談を受けることができ，重要な社会資源の一つといえ
る．

注
　1）福祉士養成講座編集委員会『社会福祉援助技術論Ⅰ（第3版）』中央法規出
　　　版，2006年，p.206

参考文献
植木信一編著『保育者が学ぶ家庭支援論（第2版）』建帛社，2016年
最新保育士養成講座総括編纂委員会編『子ども家庭支援──家庭支援と子育て支
　　援』全国社会福祉協議会，2019年
立花直樹・安田誠人・波田埜英治編『保育者の協働性を高める子ども家庭支援・
　　子育て支援』晃洋書房，2019年

第9章　子育て家庭の福祉を図るための社会資源

第1節　現代社会の子育て環境と社会資源

1　子育てを取り巻く現況

　今日，複合的な課題を抱える子育て家庭が増加しているといわれる．現代社会は出生数低下による少子化や核家族化，地域とのつながりが希薄化するなど，子どもを取り巻く環境は変化している．このような社会の変化は，子育てにどのような影響を及ぼしているといえるだろうか．

　かつては地域の子育て力が十分に機能し，人々の絆に基づくコミュニティで，お互いの育ちを共有し生活を営んできた．しかし，現在その地域（社会構造）の変化はコミュニティの機能が十分に果たせず，地域全体で行われてきた子育てが見込めなくなった．また，少子化がもたらす影響は単に出生数の低下による人口減少だけに留まらず，子ども同士の交流の機会が減り，コミュニケーション不足等の問題が挙げられる．そして，核家族化の進行に伴う家族形態の変容は，子育て家庭の密室化を生み，養育者の孤立が生じやすくなった．そのような社会で，子育てに困難さを感じ，子育てに対する不安が募り，育児ができなくなるケースが増えてきたのが実情である．そして，人口移動を伴う産業構造の変化により，従来からあった地域社会は変容・縮小し，農村部は過疎化が進み，都市部は人間関係が希薄化し，ますます，子育て家庭の孤立は深刻化しているのである．事実，現代の親世代は地域社会の中で育った経験がなく，子育ての知識や技能を学ぶ機会がないまま親になるという家庭が多くあるのである[1]．

　このような子育て環境の変容は，子育ての不安や負担を招き，児童虐待や子どもの社会的問題などの児童家庭福祉問題の深刻化につながっている．そして，それらは一様ではなく，発生する問題もひとり親家庭の子育て問題や経済的問題を含めて複雑多様化している．これらの問題の軽減・解消は，子育て家庭自身による対処だけでは困難であり，社会的なシステムの介在を必要とする．

2　社会資源とは

　社会資源とは，「人々の生活上のニーズを充足するために活用される人，物，法制度，技能」[2]の総称である．日常生活に直面する諸課題を解決していくためにも，これらの社会資源をいかに活用するかが重要である．

　社会資源は公的で制度化されたフォーマルな資源と明確には制度化されていないインフォーマルな資源に大別される．

　フォーマルな社会資源は，制度化されたサービスで公的に提供されているため，すべての人が対象で，一定の要件を満たすことで利用できる．そのサービスは保健，医療，福祉，保育，教育等の広範囲を網羅している．実施主体についても行政や行政から委託された民間まである．提供されるサービスは専門性が高く，質的にも量的にも一定のものが担保され安定性や継続性が高いサービスといえる．しかし，制度の範囲内で提供されるため，個々のニーズに対応する柔軟性には限界がある．

　一方，インフォーマルな資源は，私的な人間関係の中で行われるものや制度化されていないサービス全般であるとされ，家族，親族，近隣住民，友人，知人，同僚，ボランティア，サークルなどによって提供される．フォーマルな資源に比して専門性は低いが柔軟性や融通性が高いという特徴を持つ．

　さらには，杉本らによると，社会資源を①物的資源，②人的資源，③情報的資源，④関係的資源の4つに分類される[3]．

　物的資源は，子育てに関わる行政機関，保健所，児童福祉施設，学校や児童福祉に関する法律，制度，手当などがあげられ，制度的資源といえる．

　人的資源は，インフォーマルな近隣住民や友人，知人，親類から子育てボランティア，児童福祉に関わる専門職まで幅広く，子育てサークルや子育てサロンなどの当事者同士のグループも含まれ，地域資源といえる.

　情報的資源は，子育て全般にわたる情報であり，公的な機関から発信されるものや民間で提供されるものまで幅広くある.

　関係的資源は，子育てに関わるさまざまな資源を結ぶシステムやネットワークといえる.

第2節　子育て家庭に資する社会資源

　前節において，社会資源を必要とする背景，社会資源の定義から捉え方を解説したが，本節では，子育て家庭に必要である主な社会資源をみていくこととする.

1　児童相談所

　児童相談所は，子どもとその家庭（妊産婦含む）の福祉に関する相談・対応する「児童福祉法」第12条に基づく行政機関である. 児童相談所には所長，児童福祉司，児童心理司，児童指導員，保育士，保健師等が配置されており，2004（平成16）年の「児童福祉法」改正において，市町村と連携を図りながら，専門的知識を要する対応を中心とした支援が行われることとなった. 児童相談所が受け付ける相談件数は年々増加傾向を示している.

　「児童福祉法」第11条1項2号において，児童相談所の業務は，「各市町村の区域を超えた広域的な見地から，実情の把握」，「専門的な知識及び技術を必要とするものに応ずること」，「必要な調査並びに医学的，心理学的，教育学的，社会学的及び精神保健上の判定」，「調査，判定に基づく指導やその他の指導」，「子どもの一時保護」等を行うこととされている. 具体的な業務として，各種の相談業務（「養護相談」「保健相談」「障害相談」「非行相談」「育成相談」），判定業務，児童福祉施設への入所措置，里親委託措置，親権者の

親権一時停止および喪失宣告請求，一時保護等がある．

2　家庭児童相談室

　福祉事務所は「社会福祉法」第14条に規定される福祉六法に対する援護，育成および更生の措置に関する事務をつかさどる行政機関である．家庭児童相談室はその福祉事務所の中に「家庭児童の福祉に関する相談や指導事務の充実」を図るために設置されており，地域に密着した相談援助機関としての役割を担っており，社会福祉主事と家庭相談員が支援を行っている．

　家庭児童相談室は，判定，措置，一時保護の機能は備えておらず，対応困難なケースについては児童相談所と連携を図り，支援を行っている．

3　保健所・市町村保健センター

　保健所は「地域保健法」第5条に基づく地域住民の健康保持・増進に寄与するため，地域の生活環境の衛生，疾病予防などの公衆衛生に関わる企画，調整，指導を目的として設置されている．保健所の子ども家庭福祉に関わる業務として，「児童福祉法」第12条の6に基づき，「児童の保健について，正しい衛生知識の普及を図ること．児童の健康相談に応じ，又は健康診査を行い，必要に応じ，保健指導を行うこと．身体に障害のある児童及び疾病により長期にわたり療養を必要とする児童の療育について，指導を行うこと．児童福祉施設に対し，栄養の改善その他衛生に関し，必要な助言を与えること．」と規定されている．

　市町村保健センターは，「地域保健法」第18条に基づく地域住民の保健ニーズに対応するため，より住民に身近な存在として，必要な地域保健の事業を行う施設である．具体的には，地域住民に対する健康相談や保健指導，健康診査があり，子どもに関連することとして，乳幼児健康診査や訪問指導，予防接種等があげられる．

4　児童福祉施設

　児童福祉施設は子どもとその保護者等の福祉を図るために設置されている施設である.「児童福祉法」第7条に,「助産施設, 乳児院, 母子生活支援施設, 保育所, 幼保連携型認定こども園, 児童厚生施設, 児童養護施設, 障害児入所施設, 児童発達支援センター, 児童心理治療施設, 児童自立支援施設及び児童家庭支援センター」の12種類を規定している.

　これらの施設は施策ごとに, ①母子保健の施策としての施設, ②保育の施策としての施設, ③子どもが健やかに育つための施策としての施設, ④養護を必要とする子どもたちへの施策としての施設, ⑤ひとり親家庭への施策としての施設, ⑥障がい児への施策としての施設に分類される.

　その運営については「児童福祉施設の設置及び運営に関する基準」に示されており, それぞれの施設には保育士, 児童指導員, 心理療法担当職員等の専門職の配置が定められている.

5　地域子ども・子育て支援事業

　子ども・子育て支援新制度における子どもと家庭を支援する給付に「施設型給付」,「地域型保育給付」,「地域子ども・子育て支援事業」がある. 子どもや家庭のニーズに合わせた利用が可能である.「地域子ども・子育て支援事業」は内閣府令で定める市町村子ども・子育て支援事業計画に基づき,「子ども子育て支援法」第59条に規定されている「利用者支援事業」「延長保育事業」「実費徴収に係る補足給付を行う事業」「多様な事業者の参入促進・能力活用事業」「放課後児童健全育成事業」「子育て短期支援事業」「乳児家庭全戸訪問事業」「養育支援訪問事業・子どもを守る地域ネットワーク機能強化事業」「地域子育て支援拠点事業」「一時預かり事業」「病児保育事業」「ファミリー・サポート・センター事業」「妊婦健康診査」の13事業があげられ, 地域の実情に応じて事業を実施する.

6　児童委員・主任児童委員

　児童委員は，「児童福祉法」第16条第1項に基づく市町村区域に設置されている民間のボランティアである．その職務は「児童福祉法」第17条において，①児童及び妊産婦につき，その生活及び取り巻く環境の状況を適切に把握しておくこと，②児童及び妊産婦につき，その保護，保健その他福祉に関し，サービスを適切に利用するために必要な情報の提供その他の援助及び指導を行うこと，③児童及び妊産婦に係る社会福祉を目的とする事業を経営する者又は児童の健やかな育成に関する活動を行う者と密接に連携し，その事業又は活動を支援すること，④児童福祉司又は福祉事務所の社会福祉主事の行う職務に協力すること，⑤児童の健やかな育成に関する気運の醸成に努めること，⑥前各号に掲げるもののほか，必要に応じて，児童及び妊産婦の福祉の増進を図るための活動を行うこととされている．

　また，児童委員は民生委員を兼ねており，子どもに関する課題への対応だけでなく，高齢者や生活困窮者への関わりも多くあり，広く地域の活動を展開している．そこで児童福祉に関する問題を専門的に担当する主任児童委員が区域ごとに配置されており，その職務は「児童福祉法」第17条第2項において，児童の福祉に関する機関と児童委員との連絡調整を行うとともに，児童委員の活動に対する援助及び協力を行うとされている．

7　子育てサロン・子育てサークル

　子育てサロンは，地域の中で生活する子育て家庭を支援するため，社会福祉協議会や保育所，NPO，地域のボランティア，児童委員（主任児童委員）などの支援者が中心となり，親子が集い，交流する場を提供している活動である．

　子育てサロンの利点として，保護者にとって親同士の交流から子育ての不安や悩みを話せる仲間づくりが可能であり，子どもにとっても，集団活動を通して，異年齢の子どもたちの交流ができ，子育てにおける親のストレスの

軽減につながることがあげられる.

　子育てサークルは地域を拠点として, 親同士の交流や子育てに関する情報交換, 子育ての仲間づくりのために当事者自らが企画し, 子どものあそびや子育てに関する相談を行っている. 活動形態については, 自然発生的に形成された親同士のグループによるものや子育て支援センターや児童館などの公的機関が積極的に取り組みを支援するグループによるものもある.

　近年, 子育てに不安や孤立を感じる家庭が増えたことにより, 子育てサークル活動も多様化してきている. 一例をあげると, 若い母親たちのグループ（ママサークル）, 子育てに積極的に参加する父親のグループ（父親サークル）, 高齢出産や多胎児の母親のサークルなどさまざまである. また, 活動形態もICT（情報通信技術）を活用されるなどその変化が著しい4).

第3節　社会資源活用の展望

　私たちの日々の暮らしは, 生活上の問題や課題を多くの社会資源を活用しながら, 日常生活を営んでいる. 子育て家庭にとっても例外ではなく, 多様化する子育てニーズに対して, 社会資源を結びつけながら, 問題の解決やニーズの充足を図っている. しかし, その課題が複雑で自らの力では解決困難な場合, 有効にその資源を活用できないでいることがある. そのようなパワーレスな状態をいかに脱却することができるかが重要な焦点となる. 自らの力で解決困難な問題に直面したパワーレスな状態は, 環境によるものか, その家庭（特に親自身）にあるものか, あるいはその両方なのかについての見極めが必要となる. その要因が環境によるものは, 支援者が状況に応じた社会資源を調整することが求められ, その資源をつなげていくことが必要である. そして, 親自身に起因する場合においては, 支援者が直接的な関わりを必要とするだろう. その際, 支援者は子育てを担う親自身も社会資源であるという認識が欠かせない. つまり, 親自身がその内的資源を動員し, 子育てに必要な能力を身につけることを支援するのである.

　また，子育て家庭にとって，直面する問題が既存の社会資源では対応できずにいることもあろう．そのような未開発の社会資源には，支援者はあらゆる資源を駆使し，創造的な関わりが必要となる．そのような社会資源の創出，開発にはすべての子育て家庭に対応できるフォーマルなサービスとして，制度的に整備され提供されることが望ましいが，その制度が確立し運用するまでには多くの時間が要する．そのため，可変的で個別的に対応できるインフォーマルなサービスを創出することの意味は大きい．これは専門職の力量とも関わってくるものである．

　子育て支援を担う専門職は，自らの専門性を認識し自身が社会資源としての自覚をもつとともに最大限にその専門性を活かすために，有効な社会資源の把握を普段からしておくことが求められる．また，現実に対応するための資源がない場合にも対応できる資源の開発にあたっては自身の創造的スキルそれ自体も資源として活用されることを深く留めることが重要である．つまり，社会資源の創造的開発力の涵養である．

　子育て支援は，保育者が何かしてあげるという一方向での支援ではない．親自身が自らの力を発揮でき，子育ての力を身につける（親として成長できる）という過程が重要なのである．そのため，保育者は，親と社会資源の間に立ち，ときには情報提供する者であり，ときには環境との調整を図る者であり，子育て家庭の伴走者としての役割を遂行することが期待される．人と人とを結びつけ，人と環境とを結びつけた活動の広がりが，地域に根ざした大きなネットワークを構築することになる．それはやがて地域の子育て機能の向上に貢献できるのではないかと考えられる．

注
　1）井村圭壮・今井慶宗編著『保育実践と家庭支援論』勁草書房，2017年，
　　　p.39
　2）松原康雄・村田典子・南野奈津子編著『子ども家庭支援論』中央法規出版，
　　　2019年，p.38
　3）杉本敏夫・斉藤千鶴編著『（改訂）コミュニティワーク入門』中央法規出版，

2003 年，p. 78
　4）橋本真紀・山縣文治編『やわらかアカデミズム・（わかるシリーズ）よくわ
　　かる家庭支援論（第 2 版）』ミネルヴァ書房，2015 年，pp. 164-167

参考文献
一般社団法人　全国保育士養成協議会監修『ひと目でわかる保育者のための児童
　家庭福祉データブック 2019』中央法規出版，2018 年
小野澤昇・田中利則・大塚良一編著『家庭支援論――子どもの生活を支える』ミ
　ネルヴァ書房，2013 年
社会福祉士養成講座編集委員会編集『相談援助の理論と方法 II（第 3 版）』中央
　法規出版，2015 年

第10章　子育て支援施策・次世代育成支援施策の推進

第1節　子育て支援施策・次世代育成支援施策の経緯

1　子育て支援施策（少子化対策）の流れ

　人口動態統計によると，わが国では1989（平成元）年に「一人の女性が生涯に産む子どもの数の理論値（合計特殊出生率)」が1.57に落ち込み，戦後最低を更新した．翌年，当時の厚生省が人口動態統計とともに「1.57ショック」として公表したことを契機に，国は出生率の低下や子どもの数が減少傾向にあることを「問題」として捉え，仕事と子育ての両立の支援等の「子どもを生み育てやすい環境づくり」に向けた対策の検討を始めた．

　それらの諸問題に対する最初の具体的な計画が，1994（平成6）年に策定された「今後の子育て支援のための施策の基本的方向について」（エンゼルプラン）であり，この計画等に基づく各種取り組みは，1999（平成11）年の「新エンゼルプラン」へと引き継がれることになる．そして，2003（平成15）年の「少子化社会対策基本法」第7条を受けて「少子化社会対策大綱」が出されると，この大綱に盛り込まれた施策の効果的な推進を図る重点施策の具体的な実施計画として，翌年に「子ども・子育て応援プラン」が策定された．その後，2010（平成22）年には，社会全体で子どもと子育てを応援していくことが重要であるとの考えのもとに，「少子化社会対策基本法」に基づく新たな大綱として「子ども・子育てビジョン」が閣議決定される．

　このようにさまざまな子育て支援対策等が講じられながらも，合計特殊出生率は微増減を繰り返し，出生数は減少を続けた．一方で，地域や利用者の

ニーズを把握していく中で，保育所に入所できないいわゆる待機児童問題も取りざたされるようになり，国は待機児童問題を最優先課題に位置づけた．そして，2013（平成 25）年に「待機児童解消加速化プラン」を策定し，2013（平成 25）年度から 2017（平成 29）年度末までの 5 年間で 50 万人分の保育の受け皿整備を行った．また，子育てに関わる受け皿の整備においては，保育所定員数（入所枠）の確保に限らず，子育てをしている地域の家庭全体を支えていく仕組みの必要性が明らかになった．これらは，2015（平成 27）年に本格施行となった「子ども・子育て支援新制度」の登場に至る大きな要因ともなった．

2　少子化対策から次世代育成支援対策へ

「次世代育成支援対策推進法」が制定された 2003（平成 15）年以降，子育ては社会連帯に基づく理念を掲げ，少子化対策から次世代育成支援対策へと変化していった[1]．現在の子ども・子育て支援は，このような社会全体で子育てを支えるという理念に基づき推進されている．

その姿は，「次世代育成支援対策推進法」第 1 条（目的）において，急速な少子化の進行並びに家庭および地域を取り巻く環境の変化に照らして「次世代育成支援対策に関し，基本理念を定め，並びに国，地方公共団体，事業主及び国民の責務」を明らかにするとともに，「行動計画策定指針並びに地方公共団体及び事業主の行動計画の策定その他の次世代育成支援対策を推進するために必要な事項」を定めることによって，「次世代育成支援対策を迅速かつ重点的に推進し，もって次代の社会を担う子どもが健やかに生まれ，かつ，育成される社会の形成に資すること」を掲げている部分にもみることができる．

また，同法では「次世代育成支援対策」を「次代の社会を担う子どもを育成し，又は育成しようとする家庭に対する支援その他の次代の社会を担う子どもが健やかに生まれ，かつ，育成される環境の整備のための国若しくは地方公共団体が講ずる施策又は事業主が行う雇用環境の整備その他の取組」と

図 10-1　これまでの子育て支援対策の取り組み

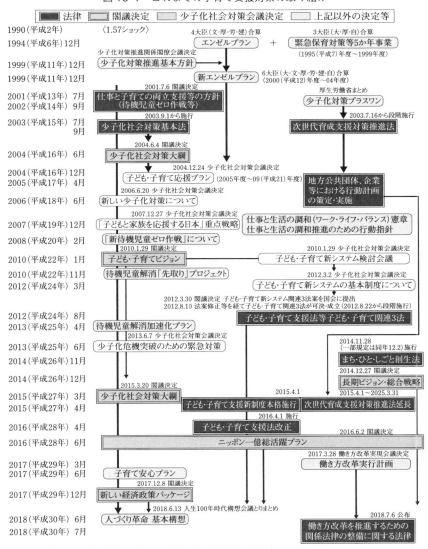

出所：内閣府『令和元年版 少子化社会対策白書』日経印刷，2019 年，p.65

定義している．このうち，都道府県及び市町村（地方公共団体）の行動計画
は，現在，行動計画策定指針に基づき5年を1期として策定することができ
ることとされており，地域における子育ての支援の整備目標等を盛り込む内
容となっている．

　「次世代育成対策推進法」は，10年間の集中的・計画的な取り組みを推進
する時限立法であったが，「官民あげて『少子化危機突破』に向けた取組を
推進する観点」や「企業における仕事と子育ての両立支援を推進するための
強力なツール」2)の観点等から期間が再検討され，2025（令和7）年3月末ま
で10年間延長されている．さらに，「『次世代育成対策推進法』は子ども・
子育て新制度との整合をとったうえで恒久化を図るべきである」3)との提言
が出される等，次世代育成支援と少子化問題は関連性が非常に強い．

第2節　子育て支援施策・次世代育成支援施策の内容

1　子育て支援施策（対策）の概要

（1）　エンゼルプラン

　1994（平成6）年12月に策定された「今後の子育てのための施策の基本的
方向について」（エンゼルプラン）（文部，厚生，労働，建設の4大臣合意）は，
将来を見据えて概ね10年間を目途として取り組むべき基本的方向と重点施
策を定めた計画である．策定の背景としては，子育てをめぐる環境が厳しさ
を増しつつある中で，少子化傾向が今後も続き，子ども自身に与える影響や
将来の少子化による社会経済への影響が一層深刻化して現実のものとなるこ
とを看過できない状況があった．

　同年には，「エンゼルプラン」を実施するために，保育所の量的拡大や低
年齢児（0〜2歳児）保育の促進，延長保育や一時保育，放課後児童クラブ等
の多様な保育サービスの促進，子育て支援のための基盤となる地域子育て支
援センターの整備，地域における母子保健医療体制の整備等を図る「緊急保

育対策等 5 か年事業」が策定され，1999（平成 11）年度を目標年次として，
子育て支援に係わるサービスの整備が進められた．

(2)　新エンゼルプラン

1994（平成 6）年以降，「エンゼルプラン」に従って子育て支援サービスの
整備・推進を図ってきたが，1999（平成 11）年 12 月に「少子化対策推進関
係閣僚会議」で決定された「少子化対策推進基本方針」に基づいて重点的に
実施すべき対策の具体的実施計画を取りまとめるとされたことに伴い，1999
（平成 11）年 12 月に新たに「重点的に推進すべき少子化対策の具体的実施計
画について」（新エンゼルプラン）（大蔵，文部，厚生，労働，建設，自治の 6 大
臣合意）が策定された．

「新エンゼルプラン」は，従来の「エンゼルプラン」と「緊急保育対策等
5 か年事業」を見直したものであり，2000（平成 12）年度から 2004（平成
16）年度までの 5 か年計画であった．達成すべき目標値の項目には，「エン
ゼルプラン」で掲げられた「保育サービス等子育て支援サービスの充実」に
加えて，「仕事と子育ての両立のための雇用環境の整備」，「働き方について
の固定的な性別役割分業や職場優先の企業風土の是正」，「地域で子どもを育
てる教育環境の整備」，「子どもたちがのびのび育つ教育環境の実現」，「住ま
いづくりやまちづくりによる子育ての支援」等の事業も加えた幅広い内容の
計画に改められた．

(3)　子ども・子育て応援プラン

2004（平成 16）年 12 月に策定された「子ども・子育て応援プラン」は，
「子どもが健康に育つ社会」，「子どもを生み，育てることに喜びを感じるこ
とのできる社会」への転換がどのように進んでいるのかがわかるように，概
ね 10 年後を展望した「目指すべき社会の姿」を掲げ，それに向けて内容や
効果を評価しながら，2005（平成 12）年度から 2009（平成 21）年度までの 5
年間に各施策を重点的に実施するものとして策定[4]された．

　「少子化社会対策大綱」が掲げる 4 つの重点課題（①若者の自立とたくましい子どもの育ち，②仕事と家庭の両立支援と働き方の見直し，③生命の大切さ，家庭の役割等についての理解，④子育ての新たな支え合いと連帯）に沿って，国が，地方公共団体や企業等とともに計画的に取り組む必要がある事項についての具体的な施策内容と目標を掲げている．それまでの計画（「エンゼルプラン」および「新エンゼルプラン」）では，保育に関係する事業を中心に目標値等が設定されていたが，「子ども・子育て応援プラン」では，「少子化社会対策大綱」に基づいて，若者の自立や働き方の見直し等も含めた分野での具体的な目標値を設定したところを特徴とした．

（4）　子ども・子育てビジョン

　子どもと子育てを応援する社会に向けて，「子どもが主人公（チルドレン・ファースト）」，「『少子化対策』から『子ども・子育て支援』へ」，「生活と仕事と子育ての調和」の理念のもと，2010（平成 22）年 1 月に「少子化社会対策基本法」に基づく新たな大綱（「子ども・子育てビジョン」）が閣議決定された．

　「子ども・子育てビジョン」では，子ども・子育て支援施策を行う際の 3 つの大切な姿勢として，「1.　生命（いのち）と育ちを大切にする」，「2.　困っている声に応える」，「3.　生活（くらし）を支える」を掲げ，これらを踏まえて右に示す「目指すべき社会への政策 4 本柱」と「12 の主要施策」に従って，具体的な取り組みを進めることが示された（図 10-2）.

（5）　子育て安心プラン

　2014（平成 26）年度から 2016（平成 28）年度にかけて，女性（25 歳から 44 歳）の正規雇用労働者が 17 万人増加し，その就業率と相関して保育の利用申し込み率も伸びることが見込まれること等から，2017（平成 29）年 6 月に「子育て安心プラン」が公表された．

　その目標値として，①待機児童の解消に向けて，国としては意欲的な自

図 10-2　「子ども・子育てビジョン」の概要

目指すべき社会への政策 4 本柱と 12 の主要施策

1. 子どもの育ちを支え、若者が安心して成長できる社会へ
   (1) 子どもを社会全体で支えるとともに、教育機会の確保を
      ・子ども手当の創設
      ・高校の実質無償化、奨学金の充実等、学校の教育環境の整備
   (2) 意欲を持って就業・自立に向かえるように
      ・非正規雇用対策の推進、若者の就労支援（キャリア教育・ジョブ・カード等）
   (3) 社会生活に必要なことを学ぶ機会を
      ・学校・家庭・地域の取組、地域ぐるみで子どもの教育に取り組む環境整備

2. 妊娠、出産、子育ての希望が実現できる社会へ
   (4) 安心して妊娠・出産できるように
      ・早期の妊娠届出の勧奨、妊婦健診の公費負担
      ・相談支援体制の整備（妊娠・出産・人工妊娠中絶等）
      ・不妊治療に関する相談や経済的負担の軽減
   (5) 誰もが希望する幼児教育と保育サービスを受けられるように
      ・潜在的な保育ニーズの充足も視野に入れた保育所待機児童の解消（余裕教室の活用等）
      ・新たな次世代育成支援のための包括的、一元的な制度の構築に向けた検討
      ・幼児教育と保育の総合的提供（幼保一体化）
      ・放課後子どもプランの推進、放課後児童クラブの充実
   (6) 子どもの健康と安全を守り、安心して医療にかかれるように
      ・小児医療の体制の確保
   (7) ひとり親家庭の子どもが困らないように
      ・児童扶養手当を父子家庭にも支給、生活保護の母子加算
   (8) 特に支援が必要な子どもが健やかに育つように
      ・障害のある子どもへのライフステージに応じた一貫した支援の強化
      ・児童虐待の防止、家庭的養護の推進（ファミリーホームの拡充等）

3. 多様なネットワークで子育て力ののある地域社会へ
   (9) 子育て支援の拠点やネットワークの充実が図られるように
      ・乳児の全戸訪問等（こんにちは赤ちゃん事業等）
      ・地域子育て支援拠点の設置促進
      ・ファミリー・サポート・センターの普及促進
      ・商店街の空き店舗や学校の余裕教室・幼稚園の活用
      ・NPO 法人等の地域子育て活動の支援
   (10) 子どもが住まいやまちの中で安全・安心にくらせるように
      ・良質なファミリー向け賃貸住宅の供給促進
      ・子育てバリアフリーの推進（段差の解消、子育て世帯にやさしいトイレの整備等）
      ・交通安全教育等の推進（幼児二人同乗自転車の安全利用の普及及等）

4. 男性も女性も仕事と生活が調和する社会へ（ワーク・ライフ・バランスの実現）
   (11) 働き方の見直しを
      ・「仕事と生活の調和（ワーク・ライフ・バランス）憲章」及び「行動指針」に基づく取組の推進
      ・長時間労働の抑制及び年次有給休暇の取得促進
      ・テレワークの推進
      ・男性の育児休業の取得促進（パパ・ママ育休プラス）
   (12) 仕事と家庭が両立できる職場環境の実現を
      ・育児休業や短時間勤務等の両立支援制度の定着
      ・一般事業主行動計画（次世代育成支援対策推進法）の策定・公表の促進
      ・次世代認定マーク（くるみん）の周知・取組促進
      ・入札手続等における対応の検討

出所：内閣府「『子ども子育てビジョン』概要」

図 10-3　「子育て安心プラン」の概要

6 つの支援パッケージの主な内容

1. 保育の受け皿の拡大
   ～更なる都市部対策と既存施設の活用、多様な保育を推進する～
   ・都市部における高騰した保育園の賃借料への補助
   ・大規模マンションでの保育園の設置促進
   ・幼稚園における 2 歳児の受入れや預かり保育の推進
   ・企業主導型保育事業の地域枠拡充など
   ・国有地、都市公園、郵便局、学校等の余裕教室等の活用
   ・家庭的保育の地域コンソーシアムの普及、小規模保育、病児保育などの多様な保育の受け皿の確保
   ・市区町村ごとの待機児童解消の取組状況の公表
   ※市区町村における待機児童対策の取組状況（受け皿拡大量、各年 4 月 1 日の待機児童数等）を市区町村ごとに公表。
   ・保育提供区域ごとの待機児童解消の取組状況の公表
   ・広域的保育園等利用事業の積極的な活用促進

2. 保育の受け皿拡大を支える「保育人材確保」
   ～保育補助者を育成し、保育士の業務負担を軽減する～
   ・処遇改善を踏まえたキャリアアップの仕組みの構築
   ・保育補助者から保育士になるための雇上げ支援の拡大
   ・保育士の子どもの預かり支援の推進
   ・保育士の業務負担軽減のための支援

3. 保護者への「寄り添う支援」の普及促進
   ～更なる市区町村による保護者支援を行う～
   ・「保育コンシェルジュ」による保護者のための出張相談などの支援拡大
   ・待機児童数調査の適正化

4. 保育の受け皿拡大と車の両輪の「保育の質の確保」
   ～認可外保育施設を中心とした保育の質を確保する～
   ・地方単独保育施設の利用料支援
   ・認可外保育施設における事故報告等と情報公表の推進
   ・災害共済給付の企業主導型保育、認可外保育施設への対象拡大

5. 持続可能な保育制度の確率
   ・保育実施に必要な安定財源の確保

6. 保育と連携した「働き方改革」
   ～ニーズを踏まえた両立支援制度の確率を目指す～
   ・男性による育児の促進
   ・研究会を開催し育児休業制度の在り方を総合的に検討

出所：厚生労働省「「子育て安心プラン」について」

図 10-4　「子ども・子育て支援新制度」の概要

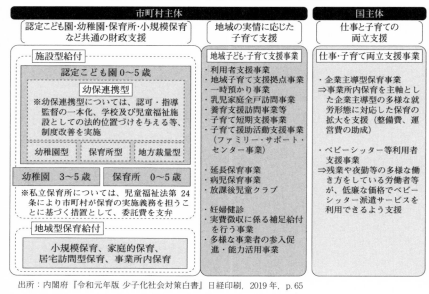

出所：内閣府『令和元年版 少子化社会対策白書』日経印刷, 2019 年, p.65

治体を支援するため，待機児童解消に必要な受け皿約 22 万人分の予算を 2018（平成 30）年度から 2019（令和元）年度末までの 2 年間で確保すること（遅くとも 2020〔令和 2〕年度末までの 3 年間で全国の待機児童を解消），②待機児童ゼロを維持しつつ，5 年間で「M 字カーブ」を解消するため，2018（平成 30）年度から 2022（令和 4）年度末までの 5 年間で女性の就業率 80％ に対応できる約 32 万人分の受け皿を整備することを掲げた．なお，2017（平成 29）年 12 月に閣議決定された「新しい経済政策パッケージ」では，この予定時期を前倒しして，2020（令和 2）年度末までに 32 万人分の受け皿整備を行うこととしている．

2　地域子ども・子育て支援事業の概要

　「子ども・子育て支援新制度」は，質の高い幼児期の学校教育・保育を総合的に提供し，地域の子ども・子育て支援を充実させることで，すべての子

どもが健やかに成長できる社会の実現を目指して施行された.

その中心（実施主体）となるのは市町村であり，①認定こども園，幼稚園，保育所に共通の給付である「施設型給付」を創設し，財政支援を一本化すること，②新たな給付として「地域型保育給付」を創設，③地域のすべての子育て家庭を対象に地域のニーズに応じた多様な子育て支援を充実させるため，市町村が行う事業を新制度では「地域子ども・子育て支援事業」として法律上に位置づけ，財政支援を強化してその拡充を図ること等が示された.

3　次世代育成支援施策の概要

次世代育成支援施策の根拠法となるのが，「次世代育成支援対策推進法」である.同法では，国に，地方公共団体および事業主が行動計画を策定する際の「行動計画策定指針」を定めることを義務づけている.それに従い，たとえば「地方公共団体の行動計画」では，保育の実施の事業，放課後児童健全育成事業等に関する事項（量）を定めるに際して参考とすべき標準を記載し，「一般事業主行動計画」では計画に盛り込む内容として育児休業や短時間勤務に関する取り組み，所定外労働の削減や年次有給休暇の取得に関する取り組みを記載することを盛り込む等，地方公共団体および事業主に対して，次世代育成支援のための行動計画の策定を求めている.

制定当初は2005（平成17）年4月1日から10年間の時限立法であったが，2025（令和7）年3月末まで10年間延長されている.この法律の延長の見直しの際には，男性の育児休業取得促進や所定外労働の削減，年次有給休暇の取得促進等の「働き方の見直しに資する取り組み」が新たに盛り込まれる等，「行動計画策定指針」の見直しが行われている.しかし，実態として育児休業や年次有給休暇の取得率は諸外国と比べても依然として低い等，働き方に関する取り組みは道半ばであるといえよう.

注

1)　松原康雄ほか編『子ども家庭支援論』中央法規，2019 年，p.26
2)　厚生労働省「次世代育成支援対策推進法の延長等の検討の背景」
　　https://www.mhlw.go.jp/file/05-Shingikai-12602000-Seisakutoukatsukan-San
　　jikanshitsu_Roudouseisakutantou/0000029301.pdf（アクセス日：2019. 8. 29）
3)　厚生労働省「次世代育成支援対策推進法についての提言」
　　https://www.mhlw.go.jp/file/05-Shingikai-12602000-Seisakutoukatsukan-San
　　jikanshitsu_Roudouseisakutantou/0000029301.pdf（アクセス日：2019. 8. 29）
4)　厚生労働省「子ども・子育て応援プランの概要」
　　https://www.mhlw.go.jp/houdou/2004/12/h1224-4b.html（アクセス日：2019.
　　8. 29）

参考文献

厚生省「『緊急保育対策等 5 か年事業』の概要」1994 年
厚生労働省「新エンゼルプランについて――重点的に推進すべき少子化対策の具
　　体的実施計画について（新エンゼルプラン）の要旨」1999 年
内閣府『平成 17 年版 少子化社会白書』ぎょうせい，2005 年
西郷泰之，宮島清編『ひと目でわかる保育者のための児童家庭福祉データブック
　　2019』中央法規出版，2018 年
社会福祉士養成講座編集委員会編『児童や家庭に対する支援と児童・家庭福祉制
　　度（第 7 版）』中央法規出版，2019 年

第11章　子ども家庭支援の内容と対象

第1節　子ども家庭支援の対象

1　子ども家庭支援が求められる背景と現状

　かつての日本社会では，地域コミュティや家庭において成員同士の相互扶助機能があった．しかし現在では，地域社会や家族形態の変化に伴い親族や地域の関係性が希薄化し，子育て家庭が孤立化する傾向にある．

　さらに昨今では，ひとり親世帯が増加しており，「子ども貧困」が深刻な社会問題として顕在化している．厚生労働省が実施した「平成28年度　国民生活基礎調査」によると，日本の子どもの貧困率は13.9％であり，約7人に一人の子どもが貧困ライン以下の生活をしていることが明らかになっている．しかし，このような状況は周囲からみえづらいことが特徴であるため，保育者からの気づきと支援が不可欠となっている．また，アレルギー，障がい，発達の遅れ，児童虐待や保護者の産後うつなどを含む精神疾患など，各家庭のニーズが多様化している．

　以上のことから，保育所をはじめとする幼児教育施設においては，個々の子どもや家庭が抱える潜在ニーズをいち早く察知し，対応していくことが期待されている．子ども家庭支援の対象は，延長保育や一時保育，安心できる保育環境の提供といった基本的なことに留まらず，保育の質の向上など保育者側のスキルアップに関する事項，保育現場への教育的機能への要望まで多岐にわたっており，保育者が行うべき子ども家庭支援に関する業務内容は広がってきている．

2　保育所保育指針に示される子ども家庭支援の対象

　「保育所保育指針」に示されているように，保育所における保護者に対する子育て支援は，すべての子どもの健やかな育ちを実現することができるよう，子どもの育ちを家庭と連携して支援していくとともに，保護者および地域が有する子育てを自ら実践する力の向上に資するよう実施していかなければならない．平成30年度施行の改定「保育所保育指針」においては，保護者と連携して「子どもの育ち」を支えるという視点を持って，子どもの育ちを保護者と一緒に喜び合うことが重視されるとともに，保育所が行う地域における子育て支援の役割が重要であることが示されている．そのため，「保護者に対する支援」の章が「子育て支援」に改められ，記載内容の充実が図られている．具体的には，子ども家庭支援の対象として①保育所を利用している保護者への支援，②地域の保護者等に対する子育て支援の二つに大きく分類されている．

(1)　保育所等を利用している保護者への支援

　保育所をはじめとする就学前の幼児教育機関では，日々，保育や教育を行いながら保護者への支援を行うことになる．「保育所保育指針」においては，保育所を利用している保護者に対する子育て支援として以下のように明記されている．

　保育所保育指針　第4章　子育て支援

　2　保育所を利用している保護者に対する子育て支援

　(1)　保護者との相互理解

　ア　日常の保育に関連した様々な機会を活用し子どもの日々の様子の伝達や収集，保育所保育の意図の説明などを通じて，<u>保護者との相互理解を図るよう努める</u>こと．

　イ　保育の活動に対する保護者の積極的な参加は，保護者の子育てを自ら実践する力の向上に寄与することから，これを促すこと．
　(2)　保護者の状況に配慮した個別の支援
　ア　保護者の就労と子育ての両立等を支援するため，保護者の多様化した保育の需要に応じ，病児保育事業など多様な事業を実施する場合には，保護者の状況に配慮するとともに，子どもの福祉が尊重されるよう努め，子どもの生活の連続性を考慮すること．
　イ　子どもに障害や発達上の課題が見られる場合には，市町村や関係機関と連携及び協力を図りつつ，保護者に対する個別の支援を行うよう努めること．
　ウ　外国籍家庭など，特別な配慮を必要とする家庭の場合には，状況等に応じて個別の支援を行うよう努めること．
　(3)　不適切な養育等が疑われる家庭への支援
　ア　保護者に育児不安等が見られる場合には，保護者の希望に応じて個別の支援を行うよう努めること．
　イ　保護者に不適切な養育等が疑われる場合には，市町村や関係機関と連携し，要保護児童対策地域協議会で検討するなど適切な対応を図ること．また，虐待が疑われる場合には，速やかに市町村又は児童相談所に通告し，適切な対応を図ること．　　　　　　　（下線は筆者）

　以上，指針でも示されているように保護者に対しては，保育者と相互理解を図りながら，個別性に配慮された支援が受けられるようにしていくことが大切である．個別性とは，それぞれの家庭の働き方を尊重し，障がい児のいる家庭，不適切な養育が疑われる家庭などに対しては，地域の機関とも連携しながら個別に支援していくことを意味している．

（2）　地域の保護者等に対する子育て支援

　地域の保護者等に対する子育て支援においても保育者は重要な役割を担っている．すなわち，保育所や幼稚園，認定こども園などに通園する子どもだけでなく，地域に居住する親子に対しても支援していくことが保育者には求められている．共働き家庭よりも在宅家庭の方が育児ストレス値が高く，親と子が「家庭」という密室の中に閉ざされる「母子の孤立化」が問題視されている（大日向 2000）．こうした育児環境に加え，現代の親世代は，地域社会で育てられたという実感を持たず，子育てに関する知識や技能を生活の中で学ぶ体験のないまま親となる傾向にある．「保育所保育指針」に記されている地域子育て支援の実施に関わる項目は以下のとおりである．

3　地域の保護者等に対する子育て支援

（1）　地域に開かれた子育て支援

ア　保育所は，児童福祉法第 48 条の 4 の規定に基づき，その行う<u>保育に支障がない限りにおいて，地域の実情や当該保育所の体制等</u>を踏まえ，<u>地域の保護者等に対して，保育所保育の専門性を生かした子育て支援を積極的に行うよう努める</u>こと．

イ　<u>地域の子どもに対する一時預かり事業などの活動を行う際には，一人一人の子どもの心身の状態などを考慮するとともに，日常の保育との関連に配慮するなど，柔軟に活動を展開できるようにする</u>こと．

（2）　地域の関係機関等との連携

ア市町村の支援を得て，<u>地域の関係機関等との積極的な連携及び協働を図るとともに，子育て支援に関する地域の人材と積極的に連携を図る</u>よう努めること．

イ　<u>地域の要保護児童への対応など，地域の子どもを巡る諸課題に対し，要保護児童対策地域協議会など関係機関等と連携及び協力して取り組む</u>よう努めること．

（下線は筆者）

　とりわけ，養育困難や虐待等の問題を抱える家庭に対しては，保育所等の入所の如何に関わらず，子どもやその保護者のケアを優先して行い，福祉的ニーズに早期に対応できるよう積極的に取り組む必要がある．なぜなら，保育所をはじめとする子育て支援施設とそこで従事する私たち保育者が，子どもと家庭にとってのセーフティネットの役割を果たしているからである．

第 2 節　子ども家庭支援の内容

1　子ども家庭支援におけるサポート形態

(1)　保護者の気持ちを受容する

　子育て支援や保育相談を受けるにあたっては，保育者は保護者一人ひとりの思いをそのまま受け止める受容的な態度を示し，家庭を尊重していくことが大切である．どの保護者もわが子の親でありたいと願っており，親としての力を保持している．保育者がその願いや力を信じることは，家庭への相談援助する上での基本となる．つまり，保護者の気持ちを認め，それぞれが抱く思いを継続的に支えていくことが保育者の役割として重要なのである．このように保育者からの家庭に対する受容と信頼の姿勢が，最終的には保護者を通じて「子どもの最善の利益」へとつながっていく．

(2)　保護者とのコミュニケーションを図る

　保育者は，どのような関わり方をすれば，子どもと保護者の関係がよくなり，「子どもの最善の利益」につながるのかを常に意識して家庭を支援していくことが大切である．保育者による相談援助の技術にはさまざまなものが考えられるだろう．たとえば，子どもの思いを保護者に伝える「代弁」がある．保育者が，子どもの気持ちを客観的にとらえ，保護者に伝えることは，両者の関係を修正することに結びつく．つまり，保育者の「代弁」を通して，保護者の中に子どもの気持ちのとらえ方や子どもを理解する視点が育ってい

く.

　また，保育者による「共感」の姿勢も重要になる．保育者は子どもの成長に直接的に関わり，支えていく存在である．子どもの成長は保護者の喜びであると同時に，ともに支えてきた保育者の喜びでもある．子どもの成長に対する保護者と保育者の喜びの共有は，同じ体験を有する者同士の「共感」を超えた「同感」といっても過言ではない．ただし，「共感」した後の対応としては，保護者の親としての立場を尊重し，子どもの育ちを支えているその力そのものを認め，保護者が親であることの自信が獲得（エンパワメント）できるような方向に転換させていくことが大切である.

(3)　相談援助の基盤となる保育の専門的な技術

　「特別な配慮が必要な家庭」や「個別的な対応が求められる家庭」の保護者を支援しながら，親子関係や養育力の向上を目指していくことは，保育者による対人援助の技術の一つとなる．保護者支援の中では，カウンセリングやソーシャル・ワークなどの専門的な技術が用いられる場面も当然出てくることだろう.

2　保護者と連携して子どもの育ちを支える視点の重要性

　保護者に対する子育て支援を行うにあたっては，保育者が保護者と連携して子どもの育ちを支える視点をもって，子どもの育ちの姿とその意味を保護者に丁寧に伝え，子どもの育ちを家庭とともに喜び合うことを重視している．保護者の養育する姿勢や力の発揮を支えるためにも，保護者自身の主体性，自己決定を尊重することが基本となる.

　そのため，子ども家庭支援を行うにあたっては，子どもと保護者の関係，保護者同士の関係，子どもや保護者と地域の関係を把握し，それらの関係性を深めていくことが重要であり，こうした働きかけが保護者の子育てや子どもの成長を支える大きな力となっていく.

参考文献

大日向雅美『母性愛神話の罠（増補版）』日本評論社，2015 年

厚生労働省編『保育所保育指針解説』フレーベル館，2018 年

近藤幹生『保育の自由』岩波新書，2018 年

佐藤純子編著『（子ども・子育て支援シリーズ第 2 巻）拡がる地域子育て支援』
　ぎょうせい，2017 年

新保庄三・田中和子編著『保護者支援・対応のワークとトレーニング』ひとな
　る書房，2016 年

第12章　保育所等を利用する子どもの家庭への支援

第1節　保育所等を利用する子どもの家庭への支援の必要性

　近年，子育てをめぐる家庭や地域の状況も変化し，核家族化の進展，地域のつながりの希薄化などにより，子育て中の保護者が，家庭内や地域社会において，子育てについて相談をしたり，助言，協力を得たりすることが難しい状況になっている．そのような中，家族だけで子育てをすることにさまざまな困難や悩みを抱えるケースが増えている．そのため保育所等の保育施設は，子育て中の家庭に対してさまざまな角度から支援することが求められており，その実施を進めているのである．

　とくに今日では子育て中の共働き家庭が増えており，それに伴い保育ニーズも高まっている．共働き家庭においては，仕事と家事・育児の両立における悩みや困難を抱えているケースが多くみられる．戦後の高度経済成長期を通して，一時，専業主婦世帯が増えたが，女性の高学歴化，社会進出が進む中，共働き世帯が徐々に増加し1990年代半ばには専業主婦世帯数を上回り，その後も増加傾向にある[1]．子をもつ母親の就業率も上昇傾向にあり，2017（平成29）年の「国民生活基礎調査」によると[2]，母親（18歳未満の子をもつ）の就業率は70.8％である．末子の年齢が低いと就業率も低く，年齢が上がるにつれて就業率も上がっているが，末子が0歳の場合でも就業率は42.4％，2歳で59.1％，5歳で69.9％と，乳幼児を育てる母親が就業する割合は低くはない．このように共働き家庭，就業する母親が増える中，仕事と子育ての両立への支援はより一層求められている．さらに仕事だけでなく，家庭内に介護や看護が必要な家族がいたり，保護者自身が疾病にかかってい

たりするなど，何らかの事情を抱え，子育てをその家族だけでは担いきれないケースもある．

　また，ひとり親家庭も増えており，父子家庭，母子家庭ともに多くの場合は，保護者一人で仕事と家事・育児をやりくりしなくてはならない状況に置かれるため，乳幼児を子育て中であれば，保育所等に預けなければその生活が成り立たないということになる．

　このように仕事や家庭状況等さまざまな事情を抱えながら子育てしている保護者，家庭にとっては，保育所等が子どもを預かりその家庭と連携しながら子どもの健全な発達を保障する保育を行うこと自体が重要な支援となる．

　また昨今では，保護者自身が少子化の中で育ち，きょうだいや近所の子どもと関わる経験も少なく，乳幼児と身近に触れる経験がないまま親になっている人も増えている．そのような中，家庭の内外に自分の子育てについて相談できる人や協力者を得られなければ，子育ての負担や不安，ストレスがより生じやすい状況になる．そしてときに不適切な養育等にもつながることもある．このような状況を踏まえた支援も保育所等には求められている．

　保育所等では普段からそれぞれの家庭や保護者の状況の把握，理解に努め，それを踏まえた適切な支援ができるよう努めることが求められている．

第 2 節　保育所等を利用する子どもの家庭への支援施策の現状

1　日常の保育に関連した機会を活用した支援

（1）　保護者との相互理解を図る

　保育所等を利用している子どもの家庭への支援は，日常の保育と一体に行われるところに特徴がある．保育所等は，日常の保育に関連したさまざまな機会を活用し，保護者との相互理解を図るよう努めなければならない．なぜなら家庭と保育所等との相互理解は，子どもの家庭での生活と保育所等での生活の連続性を確保し，子どもの育ちを支えるために欠かせないものである

からである．保育所等が家庭と密に連携しながら保育を行うことは，子ども
の福祉を尊重した保護者支援を進める上で重要である．

　家庭と保育所等とが互いに理解し合い，その関係を深めるためには，保育
者が保護者の置かれている状況を把握し，思いを受け止めること，保育の意
図を保護者が理解できるように説明すること，保護者の疑問や要望には対話
を通して誠実に対応すること，保育者と保護者の間で子どもに関する情報の
交換を細やかに行うこと，子どもへの愛情や成長を喜ぶ気持ちを伝えあうこ
となどが必要である．そのための具体的な機会や方法としては，次のような
ものがある．

(2)　日常の保育に関連した機会を活用した家庭支援

1）日常の関わりを通した支援

　保育者と保護者の信頼関係は，互いの意思疎通の積み重ねにより築かれて
いく．そのため日常のコミュニケーションは大変重要な保護者支援の機会で
ある．

　保育所等では日常的な家庭とのコミュニケーションの手段として，連絡帳，
おたより帳を活用していることが多い．子どもをよく知る担任とその保護者
とが，毎日必ずしも直接話ができるわけではないため，保育所等での子ども
の様子を家庭に伝え，保護者からも家庭での子どもの様子を知る方法として
貴重である．子どもの様子については肯定的に記述することを心掛け，具体
的な場面における子どもの姿から，保護者が子どもの発達を実感し，見通し
をもつことができるような伝え方をすることが大切である．また保護者から
育児に関する悩みや質問が書かれることもあり，それに丁寧に対応すること
も重要な支援となる．

　子どもの様子を伝える際は，保護者の自信や意欲を高めることにつながる
伝え方の工夫が望まれる．子どもの気持ちや行動の理解の仕方，心身の成長
の姿などを知らせることは，保護者を励まし子どもへの理解を助けるという
意味で重要な支援になる．

　また保育者が保護者と日常的に関わる機会として送迎時があるが，直接対話ができる貴重な時間である．朝は保護者にとっては慌ただしく，とくに仕事をしている場合は保育者と話す余裕もなく，子どもを預けると急ぎ足で職場に向かう姿がみられることも多い．子どもの方も，保護者と離れる不安を抱きながら別れる場面もよくみられる．保育者は，子どもを受け入れ，いつもと変わった様子がないか等確認するとともに，保護者の様子にも気を配り，どちらに対しても笑顔で安心を与える寄り添った対応を心掛けることが大切である．

　一方お迎えの際は，登所時よりは時間的な余裕があることも多いため，保護者と落ち着いて話ができる貴重な時間である．お迎えに来た保護者には保育者から積極的に声をかけ，あたたかく迎え入れ，その日の子どもの様子を伝える．連絡帳等と同様，肯定的に伝えるよう心掛けることが大切である．保育所等職員が交代制勤務の施設では，送迎時に対応する保育者と子どもをよく知る担任の保育者が異なる場合が多いため，保護者に伝えるべき内容や保護者から受けた連絡事項を職員間で引き継ぐなど，連携が重要である．

2）行事を活用した支援

　入園前の見学時，保護者懇談会，個人面談，家庭訪問，保育参観，保育参加（体験），親子遠足や運動会などさまざまな行事においても，保育所の保育方針，日常の保育の意図や内容，子どもの様子，課題などを保護者に伝えることができれば，保育所の保育や子どもに対する理解を促す機会となる．また，保護者の気持ちや悩みなどを聴きとる機会としたり，保護者同士の交流の場となるよう配慮したりするなど，それぞれの行事の内容や実施方法の工夫により，保護者への支援をさまざまな側面から行うことができる．

　とくに保育参加は，保護者自ら子育てを実践する力を高める上でも有効な支援方法である．保護者が日常の保育に参加し，子どもたちを観察したり，関わったりすることで，子どもの発達や個人差などについて理解を深める機会となる．また，子どもと関わる保育者の様子から，子どもとの接し方への気づきを得る場合もある．さらに，保護者が保育者とともに活動する中で，

子育てに対する有能感を感じ，自信がもてるようになることも期待できる．

　なお行事においては，保護者の仕事や家庭生活の状況はそれぞれ異なるため，すべての保護者がいつでも行事に参加できるわけではないことに留意する必要がある．保育者には，活動内容の工夫，活動時間や日程に幅をもたせるなど，保護者の状況に配慮し機会を提供することが求められる．

3) 相談・助言

　保育者は保護者から相談や助言を求められた時はもちろんのことそのような場合に限らず，送迎時の対話，連絡帳，意見や要望等から，必要があると判断される場合は，面談の機会を積極的に設けることが望まれる．場合によっては，担任だけでなく主任・施設長等が対応する必要がある．相談を受ける際は，傾聴を基本とし，保護者の状況や心情を受け止め，共感に基づき助言などを行い，その中で保護者自身が納得や解決に至ることができるように援助することが大切である．また，他の専門機関と連携し，必要であればその紹介・情報提供なども行う．

2　保護者の状況に配慮した個別の支援

　今日では働き方や家庭の状況もさまざまで，保護者の勤務時間，通勤時間等や家族の介護等何らかの事情により，通常の保育時間では対応できないケースが増えている．また，子どもの体調不良時や回復期であっても仕事が休めず，その対応に困る場合もある．そこで保護者の仕事と子育ての両立等を支援するために，保護者の多様化した保育ニーズに対応し，さまざまな保育事業が実施されている．

　延長保育事業は，保育の必要性の認定を受けた子どもについて，通常の利用日および利用時間以外の日および時間において，保育所等で保育を実施する事業である．また，夜間保育事業は，22時頃までの保育を行う事業で，開所時間は概ね11時間とされている．これら通常の保育時間以外の保育を行う際には，子どもの発達状況，健康状態，生活習慣，生活リズム，情緒の安定に配慮して保育を行うよう留意する必要がある．また，職員間のさまざ

まな連絡事項の引き継ぎや保護者への必要な連絡についても漏れのないよう注意しなければならない。

　休日保育事業は，日曜・祝日等に保育を行う事業である。これは休日に働くことを常態としている保護者が利用できる。この事業を行う際は，子どもにとって通常保育とは異なる環境や集団構成になることにも配慮し，子どもが安定して豊かな時間を過ごせるように工夫することが必要である。

　病児・病後児保育事業は，保育所等に入所している子どもが疾病にかかり集団での保育が困難な場合に，保育所や認定こども園，病院等の専用スペース等において，看護師などが一時的に保育する事業である。この事業を行う際は，とくに受け入れ体制やルールについて，保護者に十分説明し，体調の急変時における対応の確認等，子どもの負担が少なくなるよう保護者と連携して進めることが大切である。

　以上のような多様な保育を実施する場合には，保護者の置かれた状況に配慮するとともに，常に子どもの福祉の尊重を念頭に置き，子どもの生活の連続性への配慮がなされるよう，家庭と連携，協力していく必要がある。

　また，子どもに障がいや発達上の課題がみられる場合や外国籍家庭など特別な配慮を必要とする家庭の場合にも，状況に応じた保護者に対する個別の支援が求められる。

第3節　保育所等を利用する子どもの家庭への支援の課題

1　保育サービスの量的拡充

　少子化で子どもの数は減少しているものの共働き家庭，ひとり親家庭の増加等により保育を必要とする子どもの数は増えている。しかし，保育所等を利用したくても受け入れ先不足のため利用できない待機児童の問題が，とくに都市部を中心にみられる。国は1994（平成6）年の「緊急保育対策5か年事業」以降，保育サービスの量的拡大の施策を進めてきたが，依然として解

消されていない．子どもの福祉の観点から，また子育てする家庭，保護者を
支援する観点から，保育の受け皿の整備は重要な課題といえる．

2　多様な保育ニーズへの対応

　また先にもみたように保護者の保育ニーズが多様化する中，多様な保育事
業が展開されている．近年では0〜2歳児の保育需要，利用数が増えており，
「子ども子育て支援新制度」では，その対策として小規模保育等の地域型保
育事業が新たに設けられた．しかし，たとえば，多様化する保護者の就労状
況等に延長保育で対応しきれていない，休日・夜間保育や病児・病後児保育
を実施する施設が少ないなどニーズに対応しきれていない問題もある．保護
者のニーズに何でも対応すべきということではなく，子どもの最善の利益を
念頭に置きながら，また働き方や社会のあり方も見直し改善しながら，子ど
もや家庭の状況に即した多様な支援を充実させることも重要な課題である．

注
1)　内閣府『男女共同参画白書（令和元年版）』2019 年，pp. 115-116
2)　厚生労働省「平成 29 年　国民生活基礎調査の概況」2018 年

参考文献
伊藤嘉余子・野口啓示編著『家庭支援論』ミネルヴァ書房，2017 年
井村圭壯・今井慶宗『現代の保育と家庭支援論』学文社，2015 年
厚生労働省『保育所保育指針解説』フレーベル館，2018 年
厚生労働省『保育所保育指針解説書』フレーベル館，2008 年
橋本真紀・山縣文治編『よくわかる家庭支援論（第 2 版）』ミネルヴァ書房，
　2015 年
無藤隆・汐見稔幸・砂上史子著『ここがポイント！　3 法令ガイドブック―新し
　い『幼稚園教育要領』『保育所保育指針』『幼保連携型認定こども園教育・保育
　要領』理解のために―』2017 年，フレーベル館

第13章　地域の子育て家庭への支援

第1節　地域の子育て家庭への支援の必要性

　「子育て支援」という言葉を昨今，頻繁に耳にするようになった．2008（平成20）年の「保育所保育指針」の改定では，保育所の担う役割として「地域の子育て家庭への支援」が明示された[1]．子どもの保育の専門家である保育士は，地域における「子育て支援」の担い手となることが期待されているのである．ここではまず，なぜ今，「子育て支援」がこれほど必要とされるようになったのか，また，保育士にはどのような役割が期待されているのかについて考えていきたい．

1　地域の子育て力の低下と育児不安

　「子育て支援」とセットになってよく話題となる言葉として「育児不安」がある．育児不安とは，「自分の育て方でよいのかどうか不安になる」など，育児中の母親が子どもを育てている中で漠然と感じる不安のことで，1980年代頃から注目されるようになってきた．ここで，育児不安に関する調査を紹介したい（図13-1）．経済企画庁による1997（平成9）年の調査では，「育児の自信がなくなる」の問いに対して，「よくある」または「ときどきある」と答えた人が有職者では50.0%，専業主婦では70.0%にのぼることが示されている[2]．育児に専念している専業主婦の母親の方が，仕事を持ちながら子育てしている母親よりも「育児に自信がなくなる」と思っている人が多いのである．この結果は何を意味するのであろうか．皆さんにもぜひ考えていただきたいデータである．

図13-1　育児に関する意識

「お子さんを育てながら次のように感じることがありますか。次の（ア）～（ウ）のそれぞれ
についてお答え下さい。（（ア）～（ウ）それぞれ○は1つ）」

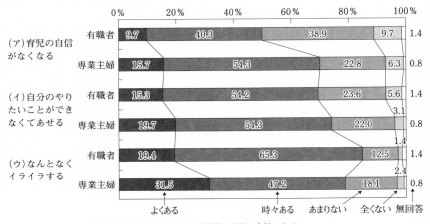

（備考）1.　回答者は第1子が小学校入学前の女性である。
　　　　2.　有職者にはフルタイム、パートタイムを含んでいる。
出典：経済企画庁「平成9年度 国民生活選好度調査」1998年[2] より

　さて，この結果にはさまざまな要因が考えられるが，ここでは相談相手の
有無，という観点から考えてみたい．核家族化が進む現在，子育ては夫婦だ
けで行う場合が多く，専業主婦であると，日中の育児はほとんど母親一人に
任せられることになる．それに対して有職者の多くは，働いている間，保育
所等に子どもを預けていることが考えられるが，その場合，母親は子どもの
様子を保育士と共有したり，相談したりすることができる．育児に迷いが生
じたとき，それを相談できる相手がいることは母親の不安を取り除くことに
大いに役立つと言えよう．子育ては予測のつかない大変な営みであり，本来，
一人きりで行うことは困難である．核家族化や都市化が進む前の地域社会の
つながりが深かった時代には，祖父母や親戚，子育てを終えた隣人など多く
の人が子育て中の親子に関わり，地域における支え合いの中で子育てが行わ
れてきた．しかし，地域のつながりが希薄化した現在では，祖父母は遠方に
住んでいたり，知り合いのいない地で子育てを始めると，あれこれ世話を焼
いてくれる近所の子育ての先輩に出会うこともめったにない．保育士は多く

の子どもの育ちに携わるいわば子育てのエキスパートであり，かつての「近所の子育ての先輩」の役割を求められていると言えるだろう．

2　保育士に求められる子育て支援

　上でみてきたように，昨今は子育て家庭が孤立化しやすい状況がある．保育所は年齢にあった遊具や園庭があり，子どもの発達に関する専門家がいる場である．多くの保育所で実施されている園庭開放は，子どもを安心して遊ばせることができる場を提供し，地域の他の子育て親子とのつながりを作るきっかけになるであろう．また，親子で参加する遊びの教室や，季節の行事を取り入れたイベントなどは，気軽に保育所に足を運んでもらうよい機会である．これらの機会を通して保育士は，子どもの発達に応じた遊びの提案や，子どもとの適切な関わり方など，保護者の状況に応じて具体的に助言したり，行動見本を実践的に提示したりするなど，保育の専門性を活かした支援を行うことができる．

第2節　地域の子育て家庭への支援施策の現状

1　地域における子育て支援拠点事業の成り立ち

　社会の変化に伴って，1990年代以降，地域で子育てを支える拠点となる場の必要性が高まっていった．1993（平成5）年には「保育所地域子育てモデル事業」が立ち上がり，保育所における地域子育て家庭への支援が始まった．1995（平成7）年以降は地域子育て支援センターと名称を変え，子育ての相談や子育て仲間との交流ができる場として全国に広がっていった．
　一方，子育ての当事者である母親たちが互いに支え合う仲間を求めて，育児サークルや子育てサロンなどの集える場を自主的につくる動きが広がっていった．2000（平成12）年には横浜の商店街の空き店舗を利用してNPO法人「びーのびーの」がオープンした．2002（平成14）年には「つどいの広場

事業」が開始され，保育所併設ではない単独型の支援拠点が設置されるように
なる．

　このように別々の形で発展してきた事業が，2007（平成 19）年には再編，
統合され，地域子育て支援拠点事業へと発展していった．

2　保育所における地域子育て家庭への支援

　2008（平成 20）年告示の「保育所保育指針」では，保育所における保護者
支援の対象について，保育所を利用する子どもの保護者だけではなく，地域
の子育て家庭も支援の対象であることが明示された[3]．さらに，2017（平成
29）年の改定では[4]，「保護者に対する支援」（第 6 章）が「子育て支援」（第
4 章）に改められ，より具体的な支援の方法について述べられている．

（1）　地域の子育て支援の拠点として

　前節でも述べた通り，地域での人々のつながりが希薄になる中で，子育て
親子を支援する場として保育所の果たす役割は大きい．保育所は全国各地に
ある最も身近な児童福祉施設であり，その特性を活かして地域の子育て親子
が気軽に訪れ，相談することができる場となるよう努めていくことが望まれ
ている．

　また，近年，子育て支援を行う施設は各地域で多く存在する．こうした地
域におけるさまざまな施設や活動と連携し，それぞれの地域のニーズに合わ
せた支援を行うことも重要である．

（2）　一時保育

　一時保育は通常は在宅で子育てをしている保護者が，一時的に保育を必要
とする場合に子どもを預かるサービスである．子どもを預かる理由は問わな
いことが多く，多様なニーズに応じて利用することができる．祖父母や親戚
など，近くに子どもを預ける場がない保護者が一時的に子どもを預けること
ができる機会として，有効な子育て支援の一つである．

在宅で子育てをしている母親で子どもの預け先がなく，母親に精神的な不安定さが認められるときには，一時保育を利用し，母親が子どもと離れて一人になれる時間を作ることも有効な支援になりうる．また，一時保育を利用した子どもの様子から，虐待等不適切な養育が疑われることもある．その場合，送迎等の際に，子どもの保育所での様子を伝えたり，日頃の家での様子，あるいは母親が困っていることはないかを聞くなど，丁寧に対応することが重要である．その上で，より専門的な支援が必要であると判断されるときには，他の専門機関を紹介することも必要となる．一時保育を利用するニーズはさまざまである．一時的な保育であるからと安易に考えるのではなく，在宅子育て家庭への支援の機会として，ぜひ細やかな目を向けていく必要がある．

第3節　地域の子育て家庭への支援の課題

1　必要な支援を届けるために

ここ十数年，子育て家庭への支援の必要性が認識されるとともに，自治体主導のものや NPO 法人による活動など子育て支援を行う団体は増えている．先述した地域子育て支援拠点の事業者数は 2007（平成 19）年の 4,409 か所から 2018（平成 30）年には 7,431 か所（交付決定ベース）になった[5]．今後は「量」の拡充とともに，必要な人に必要な支援が届けられるよう，関係機関の連携や子育て世帯の個別ニーズの把握など，より細やかな「質」の保証が重要となってくる．また，在宅の子育て親子の居場所づくりは進んでいるが，一方で，これらの施設は自ら足を運んでくれる親子はよいが，困難を抱えながら支援の場に来られない親子にどう気づいていくか，課題が残る．実は，こうした自ら支援を求めることが難しい親子こそさまざまなリスクが高く，いかに支援や相談につなげるかは，大きな課題である．乳児家庭全戸訪問事業や養育支援訪問事業などアウトリーチ型の支援，あるいは保健センタ

ー（乳幼児健診）や病院等，関係機関が情報共有や連携をしながら支援にあたることが重要である．

2　子育て親子に寄り添った支援を

『「子育て支援が親をダメにする」なんて言わせない』というタイトルの本がある[6]．著者の大日向は，世間で子育て支援の気運が高まる一方で「子育て支援は親をダメにするのではないか？」との疑問の声があることに触れ，子育て支援のあり方について再考している．子育て支援は，昔の母親ができたことを今の母親ができていないから教育することではないし，今の親を甘やかすことでもない．滝川は，家庭の養育機能は低下しているのではなく，むしろ，子育ての一般水準はかつてなく上がっていると指摘している[7]．地域社会のつながりが薄れ，子育ての責任はもっぱらその親にかかるようになった．子どもが問題を起こせばすぐに親の責任が問われるし，SNS の普及により，一般人でも不特定多数からの非難の対象となる．親の不安や負担感が大きくなることは当然であろう．子育て支援の目標は親を教育することではなく，子育て親子に寄り添い，親も子どもも安心して育っていける環境を整えていくことであることを支援者は心に留めておきたいものである．

さいごに，子育て中のお母さんたちに向けて多くの著書を出版している明橋の言葉を紹介したい[8]．要約するとこうである．「子育ての目標は子どもの自己肯定感を育むこと，子育て支援の目標は親の自己肯定感を育むこと．」

注
1)　厚生労働省編『保育所保育指針解説書』フレーベル館，2008 年
2)　経済企画庁「平成 9 年度 国民生活選好度調査　女性のライフスタイルをめぐる国民意識——勤労，家庭，教育」1998 年
http://warp.da.ndl.go.jp/info:ndljp/pid/10361265/www5.cao.go.jp/seikatsu/senkoudo/98/19980219c-senkoudo.html
3)　厚生労働省編『保育所保育指針解説書』フレーベル館，2018 年
4)　同上
5)　厚生労働省　地域子育て支援拠点事業平成 30 年度実施状況

https://www.mhlw.go.jp/content/000519569.pdf
- 6)　大日向雅美『「子育て支援が親をダメにする」なんて言わせない』岩波書店，2005 年
- 7)　滝川一廣「子育てと児童虐待」『そだちの科学』No. 10，日本評論社，2008 年
- 8)　明橋大二『子育てハッピーアドバイス　大好き！　が伝わるほめ方・叱り方 2』一万年堂出版，2011 年

参考文献
佐々木正美『子どもへのまなざし』福音館書店，1998 年
渡辺顕一郎・橋本真紀編著『地域子育て支援拠点ガイドラインの手引──子ども家庭福祉の制度・実践をふまえて（第 2 版）』中央法規出版，2015 年
渡辺久子『子育て支援と世代間伝達──母子相互作用と心のケア』金剛出版，2008 年

第14章　要保護児童等およびその家庭に対する支援

第1節　要保護児童等とは

1　要保護児童等

　要保護児童とは，「児童福祉法」第6条の3第8項において，「保護者のない児童又は保護者に監護させることが不適当であると認められる児童」と定義される児童のことをさす．「保護者のない児童」とは，保護者が死亡したり行方不明となったりした状態の児童である．「保護者に監護させることが不適当であると認められる児童」とは，保護者の疾病，障がい，経済的困窮などにより監護が適切にできない状態にある児童のほか，保護者による虐待を受けている児童も含まれる．「児童福祉法」が制定された当初は，戦争により親が犠牲となった戦災孤児や棄児が多く，要保護児童の大半は「保護者のない」児童であった．しかし，現代では保護者が存在している要保護児童が多い．とくに1990年代後半以降，児童虐待件数が急増したことにより，要保護児童の多くを被虐待児が占めるようになっている．厚生労働省による「平成29年度福祉行政報告例の概況」によると，2017（平成29）年度中の児童相談所の相談対応件数は466,880件となっていた[1]．このうち養護相談は195,786件（41.9%）を占めていた[2]．さらに，養護相談の中でも約7割は虐待相談となっている．また，「児童養護施設入所児童等調査結果の概要」によると，養護問題が発生した理由として，虐待を理由とする入所が多く，また児童養護施設入所児の約6割が被虐待経験あり，となっている[3]．このようなことから，要保護児童の抱える問題の多くは児童虐待であることがわか

る.

　なお，要保護児童等という場合は「要保護児童若しくは要支援児童及びその保護者又は特定妊婦」のことをさす．要支援児童とは要保護児童以外の「保護者の養育を支援することが特に認められる児童」であり，特定妊婦とは「出産後の養育について出産前において支援を行うことが特に必要と認められる妊婦」である.

2　虐待の対応

　「児童虐待の防止等に関する法律」では児童虐待の定義を定めており，①身体的虐待，②性的虐待，③育児放棄，④心理的虐待の4種類となっている．「児童虐待の防止等に関する法律」では，児童虐待を受けたと思われる児童を発見した者は，速やかに，市町村，福祉事務所，児童相談所に通告しなければならないとされている．市町村や福祉事務所に通告されたケースの多くは児童相談所に送致される．そして児童相談所は関係機関と連携しながら，情報収集，家庭訪問，児童の一時保護などを行い，施設入所や里親委託措置，児童福祉司指導等の措置，助言指導などの決定を下し，実施している.

第2節　要保護児童等やその家庭に対する支援施策

1　相談機関

　要保護児童等やその家庭に対する相談機関としては，市町村や児童相談所などの行政機関があげられる．以前は要保護児童等に関する相談は主に児童相談所で対応していたが，2004（平成16）年の「児童福祉法」改正により，市町村も虐待相談などに対応することとなった．また，市町村において，要保護児童等に関する情報交換や支援の協議を行う場として「要保護児童対策地域協議会」が設置されることになった．そのほか1997（平成9）年の「児童福祉法」改正により児童家庭支援センターが創設された．この施設は，地

域の児童福祉に関する相談のほか，要保護児童およびその保護者に対する指導，児童相談所などとの連絡調整を図っている.

2　施設による養護

要保護児童を保護者の代わりに養育する施設として乳児院，児童養護施設があげられる.

(1)　乳児院

乳児院は「児童福祉法」第 37 条に「乳児（保健上，安定した生活環境の確保その他の理由により特に必要のある場合には，幼児を含む）を入院させて，これを養育し，あわせて退院した者について相談その他の援助を行うことを目的とする施設」と規定されている. 2017（平成 29）年 10 月現在，全国に138 か所設置されている[4]. 乳児院への入所は児童相談所の措置により決定する. 乳児院入所児のうち約 3 割の児童が虐待を理由に入所しており，他には父または母の精神疾患等があげられている[5].

(2)　児童養護施設

児童養護施設は，「児童福祉法」第 41 条に「保護者のない児童（乳児を除く. ただし，安定した生活環境の確保その他の理由により特に必要のある場合には，乳児を含む（中略）），虐待されている児童その他環境上養護を要する児童を入所させて，これを養護し，あわせて退所した者に対する相談その他の自立のための援助を行うことを目的とする施設」と規定されている. 2017（平成 29）年 10 月現在，全国に 608 か所設置されている[6]. 児童養護施設への入所は児童相談所の措置により決定する. 児童養護施設への入所理由としては，父または母の虐待・酷使，父または母の放任，怠惰が多くを占めている. 児童養護施設は以前，大舎制と呼ばれる 1 舎あたり 20 名以上の児童が共同生活をする形態が大半であったが，近年は小舎制（1 舎あたり 12 名未満）の採用や家庭的養護と呼ばれる地域小規模児童養護施設や施設分園型グ

ループホームなどを設置して，家庭的な環境で養育する方向に進んでいる[7]．

3　家庭養護

家庭養護は，要保護児童を里親が家庭的環境のもとで養育することである．

(1)　里親

里親とは，「児童福祉法」第 6 条の 4 に規定されており，養育里親，親族里親，養子縁組里親の 3 種類が存在する．さらに養育里親の中には，虐待を受けた児童や障がい児など専門的なケアを必要とする児童を養育する専門里親がある．親族里親とは，原則 3 親等以内の親族が養育する里親である．養子縁組里親とは，里親と里子が法的な親子関係となる養子縁組になることを前提とした里親である．

(2)　ファミリーホーム

ファミリーホームとは，「小規模住居型児童養育事業」とも呼ばれ，要保護児童の養育に相当の経験のある者が自宅などで児童を養育するものである．里親は最大 4 名までの児童を養育することができるが，ファミリーホームは最大 6 名までとなっており，里親の規模をやや大きくしたものといえる[8]．

第 3 節　要保護児童等やその家庭に対する支援の課題

要保護児童等の問題の多くは，虐待を原因としている．虐待発生の要因としては，さまざまなものがあげられるが，育児の負担や不安，孤立した家庭環境，貧困などがあげられる．

2000 年代以降，「児童虐待の防止等に関する法律」の制定や「児童福祉法」の改正など，虐待対応策が強化されてきたが，虐待件数は増加し続けている．現行の制度においても，市町村や児童相談所と保育所や学校，病院など関係機関が連携して早期発見，対応に努める仕組みとなっているが，さら

に一歩進めて積極的な予防策が求められている．そのため，児童相談所をは
じめ子どもの保健福祉に関する機関からのアウトリーチが求められる．とく
に周囲から孤立した状態にある家庭では転居を繰り返し，関係機関の支援の
網目から抜け落ちるケースがみられる．そのため相談機関相互の連携を強化
することも必要である．また，児童相談所の児童福祉司の増員やさらなる専
門性の向上を図っていかなければならないだろう．児童養護施設などにおい
ては，児童の家庭復帰に向けた支援を行っているが，家庭復帰率は約 3 割程
度と低い状況となっている9）．家庭支援専門相談員が保育士らとともに親子
関係の再構築を図っているものの，多様な問題を抱えた保護者の支援は容易
ではない．施設が児童相談所と協働して保護者をサポートしていく体制作り
も課題である．

注
1)　厚生労働省『平成 29 年度福祉行政報告例の概況』2018 年，pp. 7-8
2)　同上，pp. 7-8
3)　厚生労働省雇用均等・児童家庭局『児童養護施設入所児童等調査結果の概
　　要』2015 年，p. 3
4)　厚生労働省『平成 29 年社会福祉施設等調査の概況』2018 年，p. 13
5)　厚生労働省雇用均等・児童家庭局『児童養護施設入所児童等調査結果』
　　2015 年，p. 9
6)　厚生労働省『平成 29 年社会福祉施設等調査の概況』2018 年，p. 13
7)　相澤譲治・今井慶宗編著『保育実践と児童家庭福祉論』勁草書房，2017 年，
　　pp. 90-91
8)　相澤譲治・今井慶宗編著『子どもと社会的養護の基本』学文社，2017 年，
　　pp. 60-62
9)　山縣文治・林浩康編『よくわかる社会的養護（第 2 版）』ミネルヴァ書房，
　　2013 年，pp. 204-205

参考文献
相澤仁・林浩康編『社会的養護』中央法規出版，2015 年
井村圭壯・今井慶宗編著『現代の保育と家庭支援論』学文社，2015 年
新保幸男ほか編『家庭支援論』中央法規出版，2016 年
成清美治・真鍋顕久編著『家庭支援論・保育相談支援』学文社，2017 年
橋本真紀・山縣文治編著『（やわらかアカデミズム・〈わかる〉シリーズ）よくわ

かる家庭支援論』ミネルヴァ書房，2015 年
星野政明ほか編『子どもの福祉と子育て家庭支援』みらい，2015 年

第15章　子ども家庭支援に関する現状と課題

第1節　子ども家庭支援の政策動向

1　エンゼルプランから新エンゼルプランへ

　わが国は，1989（平成元）年に合計特殊出生率が1.57となった．この状況は「1.57ショック」といわれ，これを契機に本格的に子ども家庭支援に乗り出すことになる．

　1994（平成6）年に「今後の子育て支援のための施策の基本的方向について」，通称「エンゼルプラン」が策定された．このプランは，わが国初の少子化対策となった．さらにエンゼルプランを具体的に進めるため，エンゼルプランと同年に「当面の緊急保育対策等を推進するための基本的考え方」を示した．この2つの政策のポイントは，①保育園における低年齢児の受け入れ枠や延長保育の拡大②病気回復期の乳幼児の一時預かり③低学年児童の放課後対策④地域の子育てセンターの増設といった，保育サービスの充実を図ったことである．

　エンゼルプランから5年後，エンゼルプランを引き継ぐ形で，1999（平成11）年に「少子化対策推進基本方針」と，この方針に基づく具体的計画として「重点的に推進すべき少子化対策の具体的実施計画」（これを「新エンゼルプラン」という）が策定された．新エンゼルプランでは，保育サービスの充実の他にも，①育児休業が取りやすく仕事復帰しやすい職場環境づくり②育児休業給付の給付水準の引き上げ③事業主への助成金創設等の労働政策にも目を向けた．さらに待機児童対策についても，2001（平成13）年に，「仕事

と子育ての両立支援策の方針について」(「待機児童ゼロ作戦」) 等を定めた.
しかし, 保育サービスの充実を中心施策にしたエンゼルプランや新エンゼル
プランでは, 少子化の進行をとめることはできなかった.

2　次世代育成対策

　2002 (平成 14) 年の「日本の将来推計人口」で, 夫婦の出生力そのものの
低下という新たな現象が加わり, これまで以上の少子化の進展が予測された.
そこで新たな少子化対策として, 同年,「少子化対策プラスワン」が発表さ
れた. この政策は, ①男性を含めた働き方の見直し②地域における子育て支
援③社会保障における次世代支援④子どもの社会性の向上や自立の促進, の
4 本柱から成った.

　さらに 2003 (平成 15) 年に「少子化社会対策基本法」と「次世代育成支
援対策推進法」が制定された. これらの法では, 行政だけでなく事業主にも,
次世代育成のための計画的な取り組みの推進を求めた. 2004 (平成 16) 年に
は,「少子化社会対策基本法」に基づいた「少子化社会対策大綱」と「少子
化社会対策大綱に基づく重点施策の具体的実施計画について」(子ども・子育
て応援プラン) が策定された.「少子化社会対策大綱」では, ①自立への希望
と力②不安と障壁の除去③子育ての新たな支え合いと連帯, の 3 つを少子化
対策への視点として挙げている.

　少子化社会対策大綱は, その後の社会情勢の変化を受け, 2010 (平成
22) 年, 2015 (平成 27) 年と, 2 度刷新されている. 2010 (平成 22) 年の大
綱は,「子ども・子育てビジョン」という名で策定された.「子ども・子育て
ビジョン」は, ①生命 (いのち) 育ちを大切にする, ②困っている声に応え
る, ③生活 (くらし) を支えるという考えのもと, 少子化対策から「子ど
も・子育て支援」への転換をもたらした. 続く 2015 (平成 27) 年の大綱の
基本的考え方としては, ①結婚や子育てしやすい環境となるよう, 社会全体
を見直し, これまで以上に少子化対策を充実すること, ②個々人が結婚や子
どもに希望を実現できる社会をつくること, ③結婚, 妊娠・出産, 子育ての

各段階に応じた切れ目のない取り組みと地域・企業など社会全体の取り組み
を両輪として，きめ細かく対応すること④今後の 5 年間を集中取り組み期間
と位置付け，重点課題を設定し，政策を効果的かつ集中的に投入すること⑤
長期的展望に立ち，子どもへの資源配分を大胆に拡充し，継続的かつ総合的
な少子化対策を推進することといった内容が示された.

3　少子化対策と子ども家庭支援

　ここまで，大まかな少子化対策の流れをみてきた. 政府は，平成時代継続
して政策をたててきたことになる. 当初は，1.57 ショックに伴う少子化対策
として，保育所の拡充と待機児童対策をかかげた. 次の段階では，人口減少
社会への対処とワークライフバランスの観点から，労働環境にも目を向けて
きたといえる. しかし結果からみれば，少子化対策は必ずしも意図したとお
りには進んでいない.

　なぜならば，少子化は，諸般の事情が複合的に絡み合っておこってくるか
らである. たとえば，①若者の結婚観に関すること②妊娠期間中のサポート
③出産後のサポート④経済的な不安⑤雇用に対する不安⑥保護者に対する支
援⑦子ども自身に対する支援⑧障がい児に対する支援等がある. したがって
少子化対策も，複合的に政策を打ち出さない限りうまくいかない. 少子化対
策は，出産前と出産後のサポートが必要である. また，子どもと家族へのサ
ポートが必要でもある. 切れ目のない細やかな子ども家庭支援の存在がない
限り，少子化対策はうまくいかない. つまり，少子化対策と子ども家庭支援
は密接に関係しているのである.

第 2 節　子ども家庭支援の現状

1　家族環境の変化

　日本の典型的な家族形態は，農耕社会を前提とした家族形態であった. 具

体的には，多世代同居，性別役割分担，長男による家督相続などが挙げられる．その家族形態が，時代とともに多様化してきた．核家族，共働き，単身赴任，ステップファミリー，挙げればきりがない．家族が抱えるニーズも変わってきた．虐待，貧困，DV，子どもの障がい，保護者の疾患などである．

2　保育所や認定こども園での子ども家庭支援

　子どもの発達や育児に関わる相談は，昔から保育士は担っていた．登園・降園での何気ない会話の中や，日常の保育の中でおこなわれてきたのである．では，従来の相談との違いはあるのだろうか．

　一つ目の違いは，「保育所保育指針」や「幼保連携型認定こども園教育・保育要領」で，子育て支援という名で，子ども家庭支援が位置づけられていることである．

　2つ目の違いは，先に挙げた家庭環境の変化により，多種多様な家庭へのニーズに対応しなくてはならなくなったことである．しかも，事態はより深刻化・複合化している．

　3つ目としては，その範囲である．従来は，各保育所は在籍の子どもの家庭支援をしていればよかった．しかし，現在は，地域の子育て支援の拠点として位置づけられている．したがって，子どもが在籍していようとそうでなかろうと，地域からの相談に対応していかなくてはならない．

3　保育所以外の児童福祉施設での子ども家庭支援

　保育所以外の児童福祉施設でも，事態は保育所と同様である．とくに，社会的養護の施設では，より深刻な相談が持ち込まれるようになっている．家庭復帰に向けた支援や施設を退所した子どもへのアフターケアでも，家庭支援が求められる．

　2017（平成 29）年には，「新しい社会的養育ビジョン」発表された．このビジョンは，今後の社会的養護の施設のあり方に大きな影響をもたらしている．その核となる内容は，より一層の①施設の小規模化②入所期間の短縮化

③里親制度の活用などである．このビジョンを達成するために，子ども家庭支援の必要性は増してくるであろう．

4　保育者の担う子ども家庭支援

　ここまでの論を踏まえると，保育者の担う子ども家庭支援は，これまでは子どもの発達に関する支援が主であったように思う．しかし，今後は子どもの発達に関することだけでなく，家庭全体という視点や生活全体を支えるという視点が必要になってくる．その分，今まで以上に保育者の知識や技量も求められる．単純に，子どもに関する知識や技量では，今後の子ども家庭支援は担いきれなくなってきている．

第3節　子ども家庭支援の課題

1　複雑・多様化とチーム支援

　子ども家庭支援は，保育者一人でとか，保育者が所属する組織単独では，ニーズの解決ができないことが頻繁に起こってくる．その場合は，多職種・他機関によるチームでの支援が求められる．

　そのためには，ケースのニーズを適切にアセスメントし，必要な社会資源につなぐことができる力量が求められる．また，具体的にチームで介入する場面になれば，各専門職や機関の専門性を熟知し，適材適所の支援計画をたて介入することが求められる．これからの保育者は，より自分の専門性を自覚し，他者に説明できる力が求められる．

2　養成段階として

　保育者を目指す学生にとって，子ども家庭支援はとても難しい．その理由は，一つ目に，自己の抱く保育者像との乖離である．学生が抱く保育者のイメージを超えたところに子ども家庭支援は存在し，それゆえに学生は責任の

重さと不安を抱く. もう一つの理由は，家庭が抱えるニーズが学生の実体験を超えてしまい理解や受容・共感ができないということである.

　この課題を解決するためには，学生時代に，多くの体験をし，多くの書物，多種多様な人との出会いをしておくとよい. その経験の積み重ねが，保育者としての深みになり，子ども家庭支援のスキルの向上へつながるであろう.

参考文献

公益財団法人児童育成協会監修『(新基本保育シリーズ) 子ども家庭福祉』中央法規出版，2019 年

谷田貝公昭・石橋哲成監修，高玉和子・千葉弘明編著『(コンパクト版保育者養成シリーズ) 児童家庭福祉論 (新版)』一藝社，2018 年

笹川拓也「地域社会における子育て支援の現状と課題――子育て支援制度の変遷と子育て家庭の現状について」『川崎医療短期大学紀要』第 34 号，2014 年

井村圭壯・相澤譲治編著『保育と家庭支援論』学文社，2015 年

126

執筆者略歴

第 1 章	杉野寿子	福岡県立大学
第 2 章	曽根章友	東北文教大学
第 3 章	砥上あゆみ	純真短期大学
第 4 章	片岡章彦	大阪成蹊大学
第 5 章	榊ひとみ	札幌学院大学
第 6 章	前嶋元美	東京立正短期大学
第 7 章	栗岡洋美	中京学院大学短期大学部
第 8 章	今井慶宗	関西女子短期大学
第 9 章	木村匡登	宮崎学園短期大学
第 10 章	隣谷正範	飯田短期大学
第 11 章	佐藤純子	流通経済大学
第 12 章	野崎真琴	名古屋柳城短期大学
第 13 章	井梅由美子	東京未来大学
第 14 章	鎌田綱	四国医療福祉専門学校
第 14 章	井村圭壮	元岡山県立大学
第 15 章	橋本好広	東京福祉大学

編著者紹介

井村圭壯（いむら・けいそう）
1955年生まれ
現　在　岡山県立大学名誉教授．博士（社会福祉学）．保育士
主　著　『戦前期石井記念愛染園に関する研究』（西日本法規出版，2004年）
　　　　『日本の養老院史』（学文社，2005年）
　　　　『日本の社会事業施設史』（学文社，2015年）
　　　　『社会事業施設団体の形成史』（学文社，2015年）

今井慶宗（いまい・よしむね）
1971年生まれ
現　在　関西女子短期大学准教授．博士（臨床福祉学）．社会福祉士・保育士
主　著　『子どもと社会的養護の基本』（共編著）（学文社，2017年）
　　　　『社会福祉の基本体系』（第5版）（共編著）（勁草書房，2017年）
　　　　『保育実践と児童家庭福祉論』（共編著）（勁草書房，2017年）
　　　　『社会福祉の形成と展開』（共編著）（勁草書房，2019年）

保育と子ども家庭支援論

2020年1月20日　第1版第1刷発行
2024年5月20日　第1版第3刷発行

編著者　井村圭壯
　　　　今井慶宗

発行者　井村寿人

発行所　株式会社　勁草書房
112-0005 東京都文京区水道 2-1-1　振替 00150-2-175253
（編集）電話 03-3815-5277／FAX 03-3814-6968
（営業）電話 03-3814-6861／FAX 03-3814-6854
三秀舎・中永製本

© IMURA Keisou, IMAI Yoshimune　2020

ISBN978-4-326-70114-8　　Printed in Japan

https://www.keisoshobo.co.jp

相澤讓治・今井慶宗 編著
保 育 実 践 と 児 童 家 庭 福 祉 論　　　2,200円

井村圭壯・今井慶宗 編著
保 育 実 践 と 家 庭 支 援 論　　　2,200円

井村圭壯・相澤讓治 編著
保 育 実 践 と 社 会 的 養 護　　　2,200円

井村圭壯・相澤讓治 編著
児 童 家 庭 福 祉 の 理 論 と 制 度　　　2,640円

井村圭壯・相澤讓治 編著
児 童 家 庭 福 祉 の 成 立 と 課 題　　　2,640円

K. E. リード著, 大利一雄訳
グ ル ー プ ワ ー ク の 歴 史　　　3,740円

―――――――――――――――――――――――― 勁草書房刊

＊表示価格は 2024 年 5 月現在, 消費税 (10%) が含まれております.